Grundriß
des
Österreichischen Rechts
in systematischer Bearbeitung.

Unter Mitwirkung von

Dr. J. Freiherr von Anders, Professor in Graz, Dr. P. Ritter Beck von Mannagetta, Sektionschef und Vorstand des Patentamtes in Wien, Dr. E. Demelius, Professor in Innsbruck, Dr. A. Finger, Professor in Prag, Dr. O. Frankl, Professor in Prag, Dr. O. Friedmann, Professor in Wien, Dr. C. S. Grünhut, Hofrat und Professor in Wien, Dr. G. Hanausek, Professor in Graz, Dr. J. Hanel, Hofrat und Professor in Prag, Dr. F. Hauke, Professor in Czernowitz, Dr. M. Ritter von Hussarek, Ministerialrat und Professor in Wien, Dr. H. Lammasch, Professor in Wien, Dr. V. Mataja, Ministerialrat und Professor in Wien, Dr. H. M. Schuster, Professor in Prag, Dr. M. Schuster von Bonnott, Hofrat in Wien, Dr. A. Skedl, Professor in Czernowitz, Dr. L. Spiegel, Finanzprokuratursadjunkt und Privatdocent in Prag, Dr. L. Szalay, Sektionsrat im Reichsfinanzministerium in Wien, Dr. J. Ulbrich, Hofrat und Professor in Prag, Dr. D. Ullmann, Hofrat und Professor in Prag, Dr. F. Freiherr von Wieser, Professor in Prag, Dr. R. Zuckerkandl, Professor in Prag

herausgegeben von

Dr. A. Finger, Dr. O. Frankl, Dr. D. Ullmann,
Professoren an der Deutschen Universität in Prag.

In drei Bänden.

Erster Band, fünfte Abteilung.

Leipzig,
Verlag von Duncker & Humblot.
1899.

Grundriß

des

Familienrechts.

Von

Dr. Josef Freiherrn von Anders,
Professor der Rechte in Graz.

Leipzig,
Verlag von Duncker & Humblot.
1899.

Alle Rechte vorbehalten.

Pierer'sche Hofbuchdruckerei Stephan Geibel & Co. in Altenburg.

Inhaltsübersicht.

Erster Teil. Eherecht.

	Seite
Historischer Überblick. Begriff der Ehe. § 1	1— 3
I. Abteilung. Persönliches (reines) Eherecht. §§ 2—24	3—24
I. Teil. Begründung der Ehe. §§ 2—20	3—18
1. Abschnitt. Voraussetzungen der Gültigkeit der Eheschließung. Ehehindernisse (Nichtigkeitsgründe).	3— 8
1. Kapitel. Materielle Erfordernisse.	3—10
I. Fähigkeit zur Eheschließung	3—16
A) Die Eheschließungsunfähigkeit als Folge der allgemeinen Handlungsunfähigkeit. § 3	3, 4
B) Sonstige Gründe der Eheschließungsunfähigkeit. §§ 4—11	4— 8
I. Natürliche Gründe. Impotenz	4
II. Ungültigkeitsgründe rechtlicher Natur	4— 8
a) Verwandtschaft und Schwägerschaft.	4, 5
b) Bestehendes Rechtsband.	5, 6
1. Eheband; 2. Weihe und Ordensgelübde; 3. Religionsverschiedenheit.	
c) Eheschließungsunfähigkeit als Folge einer unerlaubten Handlung	6— 8
1. als unmittelbare Folge: Ehebruch, Gattenmord und Teilnahme an der Trennungsursache;	
2. als mittelbare Folge: a) Entführung; b) strafgerichtliche Verurteilung.	
II. Materielle Beschaffenheit der Eheschließungserklärung. §§ 12, 13	8—10
a) Irrtum und Betrug.	
b) Absichtlich unrichtige Erklärungen. Zwang. Bedingte Eheschließung.	
2. Kapitel. Form der Eheschließung. §§ 14—16	10—12
I. Kirchliche Eheschließungsform: A) Aufgebot; B) Konsenserklärung	10—12
II. Civile Eheschließungsform	12
3. Kapitel. Ungültigkeit der Eheschließung und Behebung der Nichtigkeit. §§ 17—19.	13—16
I. Ungültigkeit der Eheschließung	13, 14
a) Hindernisse des öffentlichen Rechts (absolute Nichtigkeit).	
b) Hindernisse des Privatrechts (relative Nichtigkeit).	
II. Wegfall der Nichtigkeitsgründe	14—16
A) Im allgemeinen; B) Behebung durch Dispensation; C) Wirkung des Hinwegfalls von Nichtigkeitsgründen.	
2. Abschnitt. Eheverbote. § 20	16—18
II. Teil. Rechtswirkungen der Ehe. §§ 21, 22	18—20
I. Normale Wirkungen. § 21	18, 19
A) Persönliche Beziehungen zwischen den Ehegatten; B) die persönliche Vereinigung der Gatten in ihrer Richtung nach außen.	
II. Beschränkungen der normalen Wirkungen. § 22	19, 20
A) Durch Vertrag.	
B) Durch Scheidung von Tisch und Bett.	
a) einverständliche Sch.; b) uneinverständliche Sch.; c) Wirkung und Dauer der Sch.	

Inhaltsübersicht.

                                                                                          Seite

III. Teil. Auflösung der Ehe (Trennung). § 23 ...... 21—23

1. Trennbarkeit der Ehe.
2. Trennungsgründe.
    A) Einverständliche T.; B) uneinverständliche T.
3. Wirkung der Trennung. Wiederverehelichung.

IV. Teil. Das Verlöbnis. § 24 .... 23, 24

II. Abteilung. Das eheliche Güterrecht (sog. angewandtes Eherecht). §§ 25—60   24—46

Einleitung. § 25 .... 24, 25

I. Teil. Das Ehegüterrecht während des Bestandes der Ehe. §§ 26—50 . 25—40

1. Abschnitt. Gesetzliches Güterrecht. §§ 26—32 ..... 25—29

1. Die Unterhaltspflicht des Mannes. § 26. . . . . 25, 26
2. Vermögensrechtliche Seite der ehemännlichen Gewalt §§ 27, 28 . . . 26, 27
    a) Das Hausleitungsrecht des Mannes;
    b) das gesetzliche Verwaltungs- und Vertretungsrecht des Mannes.
3. Die Vermutung des § 1237. § 29 27
4. Anfechtungsrecht der Gläubiger. § 30 27
5. Gesetzliche Form gewisser Rechtsakte von Ehegatten. § 30 27
6. Schenkungen unter Gatten, Verlobten und an letztere. § 31 . . . . 27, 28
Das gesetzliche Ehegüterrecht im Falle der Ehenichtigkeitserklärung. § 32. . . 28, 29

2. Abschnitt. Gewillkürtes Güterrecht (Ehepakte). §§ 33—47 . . 29—38

Einleitung. § 33 29

A. Heiratsgut (dos). §§ 34—40 . . . . 29—33
    I. Wesen und Voraussetzungen. § 34 . . . . 29, 30
    II. Gegenstand des Heiratsgutes. § 35 30
    III. Bestellung des Heiratsgutes. §§ 36, 37 . . . . 30, 31
        1. Dosbestellung durch dinglichen Vertrag;
        2. Bestellung durch obligatorischen Vertrag;
        3. Bestellung durch Vermächtnis.
    IV. Beweis des Empfangs der dos. § 38 . . . . 31, 32
    V. Die gesetzliche Dotationspflicht. § 39 . . . . 32, 33
    VI. Das Rechtsverhältnis während der Ehe. § 40 33
B) Die Widerlage. § 41 . . . . 33, 34
C) Die Heiratsausstattung des Mannes. § 42 34
D) Der Witwengehalt. § 43 . . . . 34, 35
E) Die Fruchtnießung auf den Todesfall (Advitalitätsrecht). § 44 . . . 35
F) Morgengabe. § 45 35
G) Vertragsmäßige Verwaltung und Fruchtnießung des Paraphernalgutes durch den Mann; Verwaltungsgemeinschaft. § 46 36
H) Die Gütergemeinschaft. § 47 . . . . 36—38
    1. Umfang und Objekt der G.G.;
    2. Formerfordernisse;
    3. Die G.G. während des Bestandes der Ehe.

3. Abschnitt. Modifikationen des Güterrechts während des Bestandes der Ehe. §§ 48—50   38—40

1. Durch Vertrag. § 48 38
2. Durch Scheidung von Tisch und Bett. § 49 . . . . 38, 39
3. Durch Konkurs. § 50 . . . . 39, 40
    A) Gesetzliches Güterrecht;
    B) Ehepakten.
        I. Konkurs des Ehemannes;
        II. Konkurs der Ehefrau;
        III. Die eheliche Gütergemeinschaft im Konkurse der Gatten.

II. Teil. Das Ehegüterrecht nach Auflösung der Ehe. §§ 51—59 . . . 41—45

1. Abschnitt. Gesetzliches Güterrecht. §§ 51, 52 41

A) Auflösung durch den Tod.
B) Auflösung der Ehe durch Trennung.

2. Abschnitt. Gewillkürtes Güterrecht (Ehepakte). §§ 53—59 . . 42—45

A) Auflösung der Ehe durch den Tod. §§ 53—58 . . . . 42—45
  I. Heiratsgut.
    1. Der Rückforderungsberechtigte. 2. Zeitpunkt der Herausgabe. 3. Gegenstand der Herausgabe. 4. Natur des Anspruchs auf Herausgabe und Gegenansprüche. 5. Sicherstellung des Restitutionsanspruchs.
  II. Widerlage.
  III. Witwengehalt.
  IV. Fruchtnießung auf den Todesfall (Advitalitätsrecht).
  V. Morgengabe.
  VI. Gütergemeinschaft.
B) Auflösung der Ehe durch Trennung. § 59. 45
Anhang. Ehegüterrechtliche Folgen der Wiederverehelichung. § 60 . . . 45, 46

Zweiter Teil. Das Rechtsverhältnis zwischen Eltern und Kindern (Eltern- und Kinderrecht).

Einleitung. § 61. 46

1. Abschnitt. Das Rechtsverhältnis zwischen ehelichen Kindern und Eltern. §§ 62—65 . . . . . . 46—54

1. Kapitel. Begründung desselben. § 62 . . . . 46, 47
2. Kapitel. Wirkungen des Rechtsverhältnisses zwischen ehelichen Kindern und Eltern. §§ 63, 64 . . 48—52
  A) Rechtswirkungen hinsichtlich beider Elternteile. Elterliche Gewalt. § 63 . 48—50
  B) Rechtswirkungen hinsichtlich des Vaters. Väterliche Gewalt. § 64 . . . 50—52
    1. Persönliche Verhältnisse.
    2. Die vermögensrechtlichen Verhältnisse.
3. Kapitel. Endigung der elterlichen und insbesondere väterlichen Gewalt. § 65 . . 52—54

2. Abschnitt. Das Rechtsverhältnis zwischen legitimierten Kindern und ihren Eltern. § 66 . . . . 54, 55

A) Begriff der Legitimation und Arten derselben.
  I. Leg. unabhängig von dem Willen der Eltern wie des Kindes.
  II. Leg. mit Willen der Eltern und des Kindes: durch Begünstigung des Landesfürsten
B) Wirkungen der Legitimation.

3. Abschnitt. Das Rechtsverhältnis zwischen unehelichen Kindern und ihren Eltern. § 67 . . . . 56—58

4. Abschnitt. Künstliche Nachbildungen des Rechtsverhältnisses zwischen Eltern und Kindern. §§ 68, 69 . . . . . . 59—61

1. Kapitel. Die Annahme an Kindesstatt (Adoption).
2. Kapitel. Die Übernahme in die Pflege.
Anhang. Die Einkindschaft (unio prolium). § 70 61

Dritter Teil. Das Vormundschaftsrecht (Vormundschaft und Kuratel).

Einleitung. § 71 . . . . 62, 63

I. Abteilung. Die Vormundschaft (Altersvormundschaft). §§ 72—85 . . 63—78

1. Kapitel. I. Der Fall der Bevormundung. §§ 72 . . . . 63, 64
  II. Die Obervormundschaft. § 73
2. Kapitel. Begründung der Vormundschaft. §§ 74—77 . . . . 64—68
  1. Gerichtliche Bestellungspflicht.
  2. Berufung zur Vormundschaft.
  3. Fähigkeit ("Tauglichkeit") zur Vormundschaft. Ausschließungsgründe.
  4. Bestellung des Vormunds und Antritt der Vormundschaft.
3. Kapitel. Das Rechtsverhältnis der Vormundschaft. §§ 78—83 . . . 68—75
  A) Im allgemeinen. Rechtsverhältnis bei einer Mehrheit von Vormündern. § 78 . 68—70
  B) Die Fürsorge für die Person des Mündels. Erziehung und Unterhalt. § 79 . 70
  C) Die vormundschaftliche Vermögensverwaltung. §§ 80, 81 . . . . . . 71—73

Inhaltsübersicht.

Seite
    I. Einleitende Akte: Sperre, Inventarisierung, Schätzung.
   II. Die Verwaltung selbst.
 D) Vertretung des Mündels durch den Vormund. Mitwirkung bei Rechts=
    geschäften des Mündels. § 82 . . . . 73, 74
 E) Die Rechnungslegung während der Vormundschaft. § 83 . . . . 74, 75
4. Kapitel. Endigung der Vormundschaft. §§ 84, 85 . . . . 75—78
    I. Endigungsgründe.
      A) Absolute Endigung. B) Relative Endigung.
   II. Folgen der Endigung der Vormundschaft.

      II. Abteilung. Die Kuratel. §§ 86—89 . . . . 78—82
1. Kapitel. Vormundschaft über Großjährige. §§ 86, 87 . . . . 78—80
    I. Fälle der Bevormundung.
   II. Die Rechtsverhältnisse der Vormundschaft über Großjährige. Endigung der
      Vormundschaft.
2. Kapitel. Die Kuratel i. e. Sinne oder Pflegschaft. §§ 88, 89 . . . . 80—82
    I. Fälle. Behandlung im allgemeinen. Endigung.
   II. Einzelne Fälle der Pflegschaft.

Litteraturnachtrag.

J. Krainz, System des öst. allg. Privatrechts. Herausgeg. u. redig. v. L. Pfaff. 3. Aufl. besorgt v. A. Ehrenzweig. Wien 1899. I. Bd. Vgl. insbes. § 27. (II. Bd. unter der Presse.)

L. Geller, Österreichisches bürgerliches Recht, nach einer Grundlegung der allgemeinen Rechtslehre als Erfahrungswissenschaft systematisch=exegetisch dargestellt. I. Bd.: Grundlegung. Personen= und Familienrecht. (Teilweise erschienen.) Wien 1898.

L. Pfaff, Die Klausel: Rebus sic stantibus in der Doktrin und der österr. Gesetzgebung. Wien 1898. Vgl. insbes. S. 131 ff. u. S. 116.

(γ) Über den Gegenbeweis gegen die Vermutung der ehelichen und der unehelichen Vaterschaft in Gellers Öst. Centralblatt f. d. jurist. Praxis (Jhgg. 17 (1899) S. 193 ff.

Wichtigere Berichtigungen.

Seite 4 Zeile 3 von unten lies „1. November" statt „1. Oktober".
   „   7   „ 8 von oben ließ „civil" statt „Civil".
   „ 20 B) Zeile 3 lies „rechtmäßige" statt „rechtsmäßige".
   „ 33 § 40 am Ende lies „taxationis" statt „traxationis".
   „ 56 Zeile 4 von unten lies „solchen" statt „solcher".
   „ 60 III. Zeile 15 von unten lies „Wahleltern" statt „Wahlkindern".
   „ 66 1. c) lies „Ges. v. 15. November 1867".
   „ 67 Abs. 3 c. lies „mindestens 60 Jahre".
   „ 71 § 80 Zeile 11 lies „dieselben" statt „dieselbe".
   „ 14 ist „§ 18" vor „A) Im Allgemeinen" statt vor „II. Wegfall der Nichtigkeitsgründe" und
   „ 16 ist vor „C) Wirkungen des Hinwegfalls" „§ 19" und vor „2. Abschnitt" „§ 20" zu setzen.
   „ 14 fehlt „lit. B)" zum dritten Absatz von „b) Hindernisse des Privatrechts".
   „ 18 ist zu „A) Persönliche Beziehungen" hinzuzufügen: „(§§ 44, 89—92)".
   „ 23 IV. Teil fehlt „1." vor dem ersten Absatz.
   „ 23 IV. Abs. 2 Zeile 5 lies: „(z. B. nach kanon. Recht) nicht mit Erfüllungszwang aus=
      gestatteten Rechtspflicht" . . . .
   „ 26 ist „I." am Anfang von § 27 zu streichen.
   „ 31 fehlt „3." in § 37 Überschrift.
   „ 59 gehört § 68 vor „1. Kapitel", nicht vor „4. Abschnitt".

Das Familienrecht.

Von

Professor Dr. Josef Freiherrn **v. Anders.**

Litteratur: Anders, Frhr. v., Das Familienrecht, systematisch dargestellt, Berlin 1887. — Krainz, System des öst. allg. Privatrechts, herausgeg. und redig. v. L. Pfaff, 2. Aufl., Wien 1894; II. Bd. §§ 422—479, I. Bd. §§ 27, 78. — Stubenrauch, Kommentar zum öst. a. b. G.B., 7. Aufl., neu bearb. v. M. Schuster v. Bonnot u. K. Schreiber, unter Mitwirkung von Aug. Kalus, Wien 1896 ff. (ad I. T., 2.—4. Hptst. u. II. T., 28. Hptst., sodann §§ 795, 796). — Vgl. außerdem die Kommentare von Zeiller, Nippel, Winiwarter, Kirchstetter (5. Aufl., 1894). — Harras v. Harrasowsky, Der Codex Theresianus und seine Umarbeitungen, 5 Bde. 1883—1886 (vgl. insbes. Cod. Ther. I. T. 2. Kap. § IV; 3.—6. Kap.; II. T. 21., 33.—46. Kap.; Entw. Horten, I. T. 3.—6. Kap.; Entw. Martini, I. T. 3.—5. Hptst., III. T. 10. Hptst.). — Ofner, Der Urentwurf und die Beratungs-Protokolle des öst. allg. bürg. Gesetzb., 2 Bde., 1888, 1889. — Hauptquelle: Das allg. bürg. G.B. v. 1811, I. T. 2.—4. Hptst. (§§ 44—284), II. T. 28. Hptst. (§§ 1217—1266).

Erster Teil. Eherecht.

Dolliner, Handb. des in Österreich geltenden Eherechts, 2 Bde. 1813, 1814; 2. Aufl. u. d. Tit.: Ausführl. Erläuterung des 2. Hptst. des a. b. G.B., 1835, 4 Bde. — Rittner, Österr. Eherecht, systematisch dargestellt, Leipzig 1876. — Anders, Familienrecht, S. 4—175. — Krainz-Pfaff, II. S. 423—447 u. die Litt. das. — Stubenrauch, Kommentar, ad a. b. G.B., I. T. 2. Hptst. u. II. T. 28. Hptst. und die Litt. das.; vgl. auch die Kommentare von Zeiller, Nippel, Winiwarter, Kirchstetter (5. Aufl.), sodann Rittner, Das Eherecht bei den Civilisten, in Grünhuts Ztschr. II. S. 497 ff. — Singer, Beiträge zum öst. Eherecht, i. d. Gerichtsztg. 1877, Nr. 77—84. — Maaßen, Unser Eherecht und das Staatsgrundgesetz, 1878. — J. Schwartz, Exkurse über öst. bürg. Recht, mit Benützung d. Protokolle, in der Ger.-Halle 1890 Nr. 46, 1891 Nr. 29—41, 46—50. — C. Groß, Lehrbuch des katholischen Kirchenrechts, Wien 1894, S. 114 ff.

§ 1. Historischer Überblick. Begriff der Ehe.

Rittner, Eherecht, §§ 1, 3 u. die Litt. das. — Anders, Familienrecht, §§ 2, 3. — Krainz-Pfaff, II. §§ 423, 424 a. A., S. 106 ff. — Stubenrauch ad §. 44. — A. Michel, Beiträge zur Geschichte des öst. Eherechts, Graz 1870, 1871, 2 Hfte. — Ofner, Prot. I. S. 65—68.

Das Eherecht des öst. a. b. G.B. schließt sich, sowie sein unmittelbarer Entwurf, das Westgalizische Gesetzbuch von 1797, enge an die Ehegesetzgebung Kaiser Josefs II. an, welche einen Markstein in der Geschichte des öst. Eherechtes bildet. Während nämlich die vorjosefinische Periode, die noch im Codex Theresianus ihren Ausdruck findet, als die Zeit der fast unumschränkten Alleinherrschaft der Kirche auf eherechtlichem Gebiete erscheint, hat das Ehepatent v. 16. Januar 1783 und das Josefinische G.B. v. 1. Oktober 1786 den Gedanken der vollen Selbständigkeit des staatlichen Ehegesetzgebungsrechtes zum obersten Grundsatze erhoben. Doch war dieser Grundsatz ein vorherrschend formeller. Ausgehend von der gewiß richtigen Erwägung, daß jede eherechtliche Reform der größten Vorsicht bedürfe, adoptierte man nämlich das System des konfessionell verschiedenen Eherechtes. Ein Sondereherecht der Juden wurde jedoch erst durch die nachjosefinische Gesetzgebung geschaffen. (Vgl. insbes. Hfd. v. 21. März 1791 u. a. b. G.B. §§ 123—136.)

Der konservative Geist, welcher die josefinische Ehegesetzgebung durchzieht, tritt uns auch im a. b. G.B. entgegen (vgl. §§ 44—136). Ausdrücklich haben die Redaktoren des letzteren das josefinische Ehegesetz als die Grundlage des Eherechtes des a. b. G.B. erklärt. Die Redaktionsgeschichte des a. b. G.B. beweist, daß man sich der großen Bedeutung der Ehe, namentlich für den Staat, ihrer Beziehungen zum Rechte, zur Moral, Religion und zur „Politik" in vollem Maße bewußt war und die aus solcher Erkenntnis sich ergebenden leitenden Gesichtspunkte bei Gestaltung des Eherechtes zu verwerten trachtete. Ängstlich scheute man daher zurück vor jeder nicht durch die geänderten Zeitverhältnisse und die Erfahrung bringend gebotenen Neuerung. Denn „Neuerungen dürften wohl nirgends mehr als bei diesem Gegenstande mit der größten Behutsamkeit zu beurteilen sein"; überhaupt sei dieser Gegenstand „sehr schwer und mit großer Behutsamkeit zu behandeln" (Zeiller i. d. Sitzg. v. 15. Februar 1802).

Die Stürme des Jahres 1848 hatten in Ansehung der Katholiken die Rückkehr zu dem vorjosefinischen Standpunkte zur Folge. Das Konkordat v. 5. November 1855 wies die Gesetzgebung und Gerichtsbarkeit in Ehesachen der Kirche und nur die bürgerlichen Wirkungen der Ehe dem Staate zu. In Ausführung dieses Grundsatzes erfloß das Pat. v. 8. Oktober 1856, R.G.B. 185, welches zugleich mit einer die Normen des gemeinen katholischen Kirchenrechtes zusammenfassenden „Anweisung für die geistlichen Gerichte in Betreff der Ehesachen" publiziert wurde. Dieses Ehegesetz hebt die auf die Katholiken sich beziehenden eherechtlichen Bestimmungen des a. b. G.B. auf und stellt die geistliche Gerichtsbarkeit in Ehesachen wieder her.

Mit der staatsrechtlichen Wiedergeburt Österreichs zu Beginn der sechziger Jahre trat auch das Eherecht in ein neues Stadium. Das Ges. v. 25. Mai 1868 R.G.B. 47 stellte den zur Zeit der Einführung des Ehegesetzes v. 1856 vorhandenen Zustand wieder her, kehrte somit zu dem Josefinischen Standpunkte zurück. Die modernen staatlichen Zustände, namentlich das staatsgrundgesetzlich anerkannte Princip der Gleichberechtigung der Konfessionen, drängten aber zu einem entschiedenen Bruche mit dem System des konfessionell verschiedenen Eherechtes. Während Ungarn in seiner neuesten Ehegesetzgebung (Ges. Art. 31 ex 1894, in Kraft getreten am 1. Oktober 1895) den Postulaten der neuzeitlichen staatlichen Entwicklung in vollem Maße gerecht wurde, ist in Österreich eine Reform des Eherechtes in diesem Sinne noch nicht zu stande gekommen. Wohl tritt uns bereits im erwähnten Gesetz des Jahres 1868, im Ges. v. 9. April 1870, sowie in einer Reihe von Specialgesetzen, Reichsratsverhandlungen und Entwürfen, namentlich in Ansehung der Eheschließungsform (vgl. § 14), die entschiedene Tendenz entgegen, den Grundsatz der Unabhängigkeit des staatlichen vom kirchlichen Eherechte zu voller Geltung zu bringen. Allein über schüchterne Anläufe und bloße Reformversuche kam man nicht hinaus. Man blieb, und zwar schon seit mehr als zwanzig Jahren, auf halbem Wege stehen. Und so fehlt denn leider dem geltenden öst. Eherecht jene einheitliche, konsequente Ausgestaltung, zu welcher die Zeit drängte und die wir in Deutschland bereits im Ges. v. 6. Februar 1875 über die Beurkundung des Personenstandes und der Eheschließung, vollends aber im b. G.B. v. 18. August 1896 §§ 1297 ff. verwirklicht sehen; ein oft und schwer empfundener Mangel, der nur in Umständen seine äußerer Art seine Erklärung findet.

Der dem öst. Rechte eigene Rechtsbegriff der Ehe deckt sich in seinen wesentlichen Merkmalen mit jenem aller modernen Kulturstaaten. Die Ehe ist nämlich die gesetzmäßig begründete, auf dauernde persönliche Vereinigung angelegte und mit der Rechtmäßigkeit des geschlechtlichen Verkehres ausgestattete Verbindung zwischen einem Manne und einem Weibe.

Die im a. b. G.B. (§ 44) enthaltene, den Rechtscharakter der Ehe im allgemeinen und ihren positivrechtlichen Charakter im besonderen betonende Legaldefinition der Ehe ist für die Gesetzesinterpretation nur mit großer Vorsicht zu verwerten. Denn sie deckt sich nicht mit dem aus den eherechtlichen Normen des G.B. sich ergebenden Ehebegriffe, zumal das G.B. selbst die Verwirklichung der in jener Definition bezeichneten Zwecke nicht als wesentlich erklärt.

I. Abteilung. Persönliches (reines) Eherecht.

Rittner, Eherecht. — Anders, Familienrecht, I. Buch, 1. Abt. — Krainz-Pfaff, II. §§ 423—434 und die in § 423 cit. Litt. — Stubenrauch, Kommentar ad §§ 44—136. — Ofner, Prot. I. S. 65—139; II. S. 335—351, 409, 410, 497—511, 564. — Deutsch. bürg. G.B.: Jacobi, Das persönliche Eherecht des bürg. G.B., Berlin 1896.

I. Teil. Begründung der Ehe.

Rittner, Eher., § 23 u. in Grünh. Ztschr. II., S. 497 ff. — Singer i. d. Ger.-Ztg. 1877, Nr. 77—83. — Grünwald i. d. Not.-Ztg. 1878, Nr. 21—24. — Geller, Über die Grenzen der Anwendbarkeit der kanonischen Ehehindernisse nach öst. R., in Gellers Öst. Centralbl. f. d. jurist. Praxis, Bd. 14 (1896), S. 1025 ff. — Anders, Familienrecht, § 4 u. d. Litt. das. — Krainz-Pfaff, II. § 424. — Stubenrauch ad § 47. — Ofner, Prot. I. S. 106; II. S. 350—51.

§ 2. Das Rechtsverhältnis der Ehe wird begründet durch die gesetzmäßige, auf sofortige Entstehung einer Ehe im Rechtssinne gerichtete, übereinstimmende Willenserklärung zweier Personen verschiedenen Geschlechts, somit durch einen eigentümlichen familienrechtlichen Vertrag: die Eheschließung (vgl. § 44). Diese kann rechtswidrig sein. Thatsachen, welche diese Wirkung haben, heißen Ehehindernisse i. w. S. („Anstände" § 78). Sie können im Mangel einer Gültigkeitsvoraussetzung bestehen — Ehehindernisse i. techn. S. (Nichtigkeitsgründe) —, oder lediglich im Fehlen einer Voraussetzung der rechtlichen Erlaubtheit der Eheschließung — Eheverbote. Diese Unterscheidung gilt trotz der ungenauen Textierung des § 129 auch für Judenehen. Ob ein Ehehindernis i. techn. S. oder ein Eheverbot vorliege, ist eine im Zweifel wohl im ersteren Sinne zu entscheidende Interpretationsfrage, für welche jedoch die in der Redaktionsgeschichte hervortretende Tendenz ins Gewicht fällt, die Zahl der Nichtigkeitsgründe möglichst einzuschränken.

Einteilungen der Ehehindernisse ergeben sich aus der folgenden Darstellung. Die im b. G.B. enthaltene Einteilung (Marg. R. zu § 48 ff.) ist nur für die Interpretation zu verwerten.

Mit der Perfektion des (gültigen) Ehevertrages nimmt die Ehe mit allen ihren Wirkungen sofort ihren Anfang. Die Vollziehung des Beischlafes ist in dieser Beziehung, im Gegensatze zum kanonischen Rechte, rechtlich irrelevant.

1. Abschnitt. Voraussetzungen der Gültigkeit der Eheschließung. Ehehindernisse (Nichtigkeitsgründe).

1. Kapitel. Materielle Erfordernisse.

I. Fähigkeit zur Eheschließung.

Die Unfähigkeit zur Eheschließung kann die Folge sein der allgemeinen Handlungsunfähigkeit oder in Thatsachen anderer Art ihren Grund haben.

§ 3. **A) Die Eheschließungsunfähigkeit als Folge der allgemeinen Handlungsunfähigkeit.** (§§ 48—51.)

Rittner, Eher., §§ 8, 9. — Anders, Familienrecht, §§ 5, 6 u. d. Litt. das. — Krainz-Pfaff, II. § 425 u. d. Litt. das. — Stubenrauch, ad §§ 48—53 u. d. Litt. das. — Pfaff i. d. Juristischen Blättern 1887 Nr. 38 Ofner, Prot. I. S. 74—78, 94—96; II. S. 338 Anm., S. 340—41, 497—500.

Gänzlich Handlungsunfähige sind zugleich, da es bei der Eheschließung keine Stellvertretung im Willen giebt, absolut eheschließungsunfähig. Geisteskranke sind bis zu ihrer Entmündigung, sowie nach deren Aufhebung, in lichten Zwischenräumen eheschließungsfähig. (Das Gegenteil scheint sich aus den Redaktionsprotokollen zu ergeben.)

In Bezug auf die Fähigkeit beschränkt Handlungsfähiger unterscheidet das öst. R. zwischen Unmündigen (vgl. § 21) und anderen beschränkt Handlungsfähigen.

a) Erstere sind wegen des Fehlens der erforderlichen geistigen Reife („aus Mangel der Urteilskraft") absolut eheschließungsunfähig. (Anders das kanon. Recht.) In den letzten Stadien der Redaktion hatte man mit Recht die Ehemündigkeit weiter hinausgeschoben. Diese sollte erst mit der Vollendung des 18. Jahres beim männlichen, des 16. beim weiblichen Geschlecht eintreten. Zu billigen ist daher der Ehemündigkeitstermin des deutsch. B.G.B. § 1303.

b) Andere beschränkt Handlungsfähige, nämlich mündige Minderjährige, Großjährige im Falle der Verlängerung der väterlichen oder vormundschaftlichen Gewalt und entmündigte Verschwender, Personen also, denen die volle vermögensrechtliche Handlungsfähigkeit, die Eigenberechtigung, fehlt, sind zwar eheschließungsfähig, können aber ohne Mitwirkung ihres gesetzlichen Vertreters keine gültige Ehe schließen (vgl. dtsch. B.G.B. § 1304). Diese bewußte Abweichung vom kanon. R. enthält bezüglich der Minderjährigen schon das Pat. v. 12. April 1753; bezüglich der Verschwender war jener Grundsatz eine Neuerung (vgl. Vdg. v. 2. November 1787). Steht der Nichteigenberechtigte unter väterlicher Gewalt, so ist die Einwilligung des Trägers der Letzteren, also nicht auch jene des Großvaters als solchen (vgl. die Red.-Prot.), erforderlich und genügend. Wird dieser Konsens versagt: so kann derselbe auf Ansuchen der Ehewerber durch die im außerstreitigen Verfahren erteilte gerichtliche Einwilligung ersetzt werden (vgl. dtsch. B.G.B. § 1304, sodann § 1305 — 1308). Steht der Nichteigenberechtigte nicht unter väterlicher Gewalt, so setzt die Gültigkeit der Ehe voraus: die gerichtliche Vernehmung („Erklärung") des ordentlichen Vertreters, also des Vormundes oder Kurators (nicht auch der Mutter als solcher, noch auch des Mitvormundes), und die rechtskräftige Einwilligung des (kompetenten) Gerichtes. Letztere ist zu versagen, wenn „rechtmäßige Gründe" vorliegen, die konkrete Sachlage nämlich eine glückliche, in socialer Beziehung gedeihliche Ehe nicht erwarten läßt. (Beispiele in § 53; vgl. dtsch. B.G.B. § 1304.)

Eine besondere Fürsorge für nicht eigenberechtigte Ausländer trifft § 51 (entnommen der Vdg. v. 8. März 1796), der jedoch keine Ausnahme von § 34 enthält.

B) Sonstige Gründe der Eheschließungsunfähigkeit.

§ 4. I. Natürliche Gründe. Impotenz (§ 60).

Rittner, Eher., § 20. — Anders, Familienrecht, § 7 u. die Litt. das. — Krainz-Pfaff, II. § 726 u. d. Litt. das. — Stubenrauch ad § 60. — Ofner, Prot. I. S. 91, 92.

Im Anschlusse an die bisherige Rechtsentwicklung, namentlich an das kanonische Recht, erklärt das öst. Recht das schon zur Zeit der Eheschließung vorhandene, unheilbare, d. i. durch eine ungefährliche Operation nicht behebbare Unvermögen zur Vollziehung des Beischlafes (impotentia coeundi) mit dem anderen Teile, ohne Rücksicht auf sonstige Beschaffenheit und Entstehungsursache, als Ehenichtigkeitsgrund. (Über den Beweis der Impotenz und das Verfahren vgl. §§ 100, 101.) Die Frage, ob vererbliche Krankheiten aus Rücksichten des Gemeinwohles als Ehenichtigkeitsgründe zu erklären seien, wurde — trotz der starken Tendenz der Redaktoren zur Bejahung — schließlich in verneinendem Sinne entschieden.

II. Unfähigkeitsgründe rechtlicher Natur.

§ 5. a) Verwandtschaft und Schwägerschaft (§§ 65, 66, 125).

Rittner, Eher., § 14, 15. — Anders, Familienrecht, § 8 u. d. Litt. das. — Stubenrauch ad §§ 65, 66, 125. — Landau i. d. Allg. Juristenztg. 1894, Nr. 21, 22. — Groß, Kirchenr., § 125. — Ofner, Prot. I. S. 92—94, 103—104; II. S. 342.

Im Einklange mit dem Rechte aller civilisierten Völker hat das öst. Recht nahe Blutsverwandtschaft, gleichviel ob dieselbe auf ehelicher oder unehelicher Geburt beruht, als

Ehehindernis erklärt und den Umfang desselben, in Übereinstimmung mit der seit dem 4. Lateranensischen Konzil (1215, 1216) auch im staatlichen Rechte hervortretenden, berechtigten Tendenz zur Einschränkung, folgendermaßen festgesetzt. Ungültig ist die Ehe in der geraden Linie ohne Rücksicht auf den Grad. In der Seitenlinie reicht das Ehehindernis nicht über den 4. Grad (römischer Berechnung) hinaus. Doch wird nur die Ehe zwischen Geschwistern, Muhme und Neffe, Oheim und Nichte, sowie zwischen Geschwisterkindern als nichtig erklärt.

Noch mehr schränkt das deutsche B.G.B. § 1310, der modernen Tendenz entsprechend, das Hindernis ein.

Die dem kanonischen Recht eigene **geistige Verwandtschaft** (cognatio spiritualis) und das sich anschließende Ehehindernis ist schon den josefinischen Ehegesetzen fremd. Aber auch **die Adoption** bildet im Gegensatze zum römischen und kanonischen Recht im geltenden öst. Recht kein Ehehindernis, da man ein solches wegen der Lösbarkeit des Adoptionsverhältnisses für überflüssig hielt. Das deutsche B.G.B. (§ 1311) kennt ein Eheverbot der Adoption, dessen Übertretung das Adoptionsverhältnis löst (§ 1771).

In kaum zu billigender Weise hat das b.G.B. **Schwägerschaft**, nämlich das Verhältnis des einen Gatten zu den (ehelichen wie unehelichen) Blutsverwandten des anderen, in gleichem Umfange wie Blutsverwandtschaft als Ehehindernis erklärt (vgl. § 66). Die große Einschränkung des Hindernisses im dtsch. B.G.B. (§ 1310) ist dagegen gewiß zu rechtfertigen. Da nach kanonischem Recht die copula carnalis die Grundlage der Schwägerschaft bildet: so unterscheidet sich das öst. vom kanonischen Recht nicht bloß in Bezug auf den Umfang, sondern auch hinsichtlich der Grundlage des Hindernisses. Fremd ist nämlich dem öst. Recht: die affinitas inhonesta (illegitima oder ex copula illicita) im Sinne des kanonischen Rechts; die affinitas superveniens; der Begriff der quasiaffinitas und das hierauf beruhende imped. publicae honestatis (vgl. aber dtsch. B.G.B. § 1310). Insbesondere hindert ein Verlöbnis die Ehe mit den Verwandten des anderen Verlobten nicht (vgl. § 45).

Für die **Judenschaft** ist der Umfang des Hindernisses der Verwandtschaft und des auch hier mit demselben parallel gehenden Schwägerschaftshindernisses teils eingeschränkt, teils ausgedehnt worden. Gültig ist nämlich die Ehe zwischen Oheim und Nichte, sowie zwischen Geschwisterkindern; ungültig ist dagegen die Ehe zwischen Großmuhme und Großneffe. Dieses Sonderrecht wurde dem Pat. v. 21. März 1791 (bestätigt durch Hfd. vom 28. Oktober 1800) entnommen, obgleich die Redaktoren sich des Umstandes bewußt waren, daß dasselbe den eigentümlichen religiösen Satzungen der Juden nur teilweise Rechnung trage.

b) Bestehendes Rechtsband.

§ 6. 1. **Eheband** (imp. ligaminis) (§ 62).

Fuchs, Das Ehehindernis des Ehebandes, 1879. — Rittner, Ehr., § 11. — Anders Familienr., § 9 Z. 1. — Stubenrauch, ad §§ 62, 119. — Geller in seinem „Öst. Centralblatt f. d. jurist. Praxis", Bd. 14 (1896) S. 1025 ff. — Ofner, Prot. I. S. 92. — Vgl. auch die Citate zu § 23 d. Schr.

Wer rechtsgültig verehelicht ist, kann während der Dauer seiner Ehe mit einem Dritten keine gültige Ehe schließen (so auch dtsch. B.G.B. § 1309). Dieses absolute Ehehindernis stellt sich als eine notwendige Folge dar aus dem vom öst. Recht im Einklange mit der allgemeinen Rechtsentwicklung recipierten Grundsatze der Monogamie.

Wer also zu einer zweiten Ehe schreiten will, der hat nötigenfalls die Ungültigkeit der früheren Ehe oder deren Lösung (durch Tod oder Trennung) rechtmäßig zu beweisen. So lange dieser Beweis nicht erbracht oder die den Ausspruch der Lösung der Ehe enthaltende gerichtliche Todeserklärung nicht vorliegt, ist die zweite Eheschließung jedenfalls unerlaubt (Eheverbot). Ob aber die zweite Ehe nichtig sei, hängt von dem oben erwähnten objektiven Sachverhalte ab. (Eine wesentlich verschiedene Behandlung enthält das dtsch. B.G.B. § 1348.) In einem Ausnahmsfalle beseitigt die Ehetrennung, — im Widerspruche mit der juristischen Konsequenz —, das imp. lig. nicht vollständig. Wird nämlich eine von nicht jüdischen Akatholiken geschlossene Ehe nach dem Übertritte des einen Teiles zum

Katholizismus getrennt: so bleibt trotzdem, solange beide Getrennten leben, der Katholik absolut unfähig zur Eheschließung mit einem Dritten, während der Akatholik einen Katholiken gültig nicht ehelichen kann. (Hfd. vom 4. und 26. August 1814, pol. G. S. Bd. 42 Nr. 64 und J.G.S. 1099; Hfkzd. v. 17. Juli 1835 J.G.S. 61.) Da hierin eine Konzession an die katholische Auffassung des imp. lig. liegt, so spricht man von Ehehindernis des Katholizismus.

§ 7. **2. Weihe und Ordensgelübde** (imp. ordinis et voti solemnis) (§ 63).

Rittner, Eher., §§ 12, 13. — Anders, Familienr., § 9 Z. 2 u. d. Litt. das. — Stubenrauch, ad § 63. — Krasnopolski im Archiv f. Kirchenr., Jahrg. 1883 S. 456 ff.; ders., I. Zur Auslegung des § 63 b. G.B.; II. Über § 63 b. G.B. (Mainz 1895); ders., Das Ehehindernis der höheren Weihen nach öst. R., 1896. — Brentano i. d. Ger.-Ztg. 1895 Nr. 24; ders., Zur eherechtlichen Frage in Österreich, 1896. — Dr—r., i. d. Ger.-Halle 1895 Nr. 50. — Geller in seinem Centralbl., Bd. 14 (1896), S. 1025 ff. — Vgl. auch die in Krainz-Pfaff § 426 Anm. 2 c cit. Litt. — Ofner, Prot. I. S. 94, 95, 104—106; II. S. 500, 501.

Diesen (absoluten) (dem dtsch. B.G.B. unbekannten) Ehehindernissen liegen Begriffe zu Grunde, welche dem Kirchenrechte gewisser christlicher Konfessionen angehören; und sie gelten daher auch nur für jene Konfessionen, welchen die Begriffe „höhere Weihe" und „feierliches Gelübde der Ehelosigkeit" eigen sind. Aus der allgemeinen Fassung des § 63 und der Redaktionsgeschichte ergiebt sich, daß das Hindernis der Weihe ipso jure eintritt für Angehörige der katholischen Kirche (des römischen, griechischen und armenischen Ritus), sowie der griechisch nicht unierten Kirche, welche höhere Weihe gültig empfangen haben. Das Hindernis des Ordensgelübdes setzt die gültige Ablegung eines feierlichen Gelübdes der Keuschheit in einem vom Papste approbierten Orden voraus und gilt daher nur für die katholische und griechisch-orientalische Kirche. Entbindung vom Keuschheitsgelübde durch päpstliche Dispensation beseitigt wohl das Ehehindernis, während dasselbe durch bloße Lösung des Ordensverbandes nicht berührt wird. Ebenso wird das Hindernis der Weihe nicht behoben durch den Übertritt des Geweihten zu einer Religionsgenossenschaft, für welche dasselbe nicht gilt.

§ 8. **3. Religionsverschiedenheit** (disparitas cultus) (§ 64).

Rittner, Eher., § 18. — Anders, Familienr., § 9 Z. 3 u. d. Litt. das. — Stubenrauch, ad § 64. — Geller in seinem Centralbl. Bd. 14 (1896) S. 1025 ff. — Vgl. außerdem die in Krainz-Pfaff, § 426 Anm. 3 a cit. Litt. — Ofner, Prot. I. S. 94.

Dieses aus ethischen und konfessionellen Rücksichten aufgenommene, jedoch bedenkliche, (dem dtsch. B.G.B. fremde) Hindernis, welches sich mit dem imp. disp. cultus des kanon. Rechtes zwischen Getauften und Nichtgetauften nicht deckt, besteht zwischen Personen, welche den geltenden gesetzlichen Normen gemäß als Angehörige einer staatlich anerkannten christlichen Konfession erscheinen und jenen, bei welchen im gleichen Zeitpunkte eine solche Angehörigkeit fehlt. Angehörige einer staatlich nicht anerkannten Religionsgenossenschaft sind, da eine solche juristisch nicht existiert, sowie Konfessionslose (i. e. S.), als Nichtchristen zu betrachten.

c) Eheschließungsunfähigkeit als Folge einer unerlaubten Handlung.

§ 9. 1. Als unmittelbare Folge tritt Eheschließungsunfähigkeit ein bei **Ehebruch, Gattenmord und Teilnahme an der Trennungsursache.**

Rittner, Eher., § 16. — Anders, Familienr. § 10 u. d. Litt. das. — Stubenrauch, ad §§ 67, 68, 119. — Vgl. auch die in Krainz-Pfaff § 426 Anm 4 a cit. Litt. — Ofner, Prot. I. S. 95; II. S. 339 Anm., 342, 343.

Diese relativen Ehehindernisse sind namentlich aus der Erwägung hervorgegangen, daß es dem sittlichen Bewußtsein und dem ethischen Charakter der Ehe widerstrebe, und überhaupt höchst bedenklich sei, eine Ehe zuzulassen, welche in einem sittlich oder rechtlich verpönten Eingriff in eine bestehende Ehe wurzelt.

a) **Ehebruch** (adulterium) (§ 67), nämlich die vorsätzliche Verletzung der ehelichen Treue durch Vollziehung des Beischlafes mit einem Anderen als dem Ehegatten, bewirkt schon als solcher (anders das dtsch. B.G.B. § 1312), also ohne Rücksicht auf seine sonstige Qualifikation (anders das kanon. Recht), selbst bei vorhandener Imputabilität nur auf S e i t e e i n e s Konkumbenten, Unfähigkeit zur Eheschließung zwischen den Ehebrechern. Ehebruch soll aber zum Schutze der geschlossenen Ehe nur dann als Ehehindernis geltend gemacht werden können, wenn er vor der Eheschließung bewiesen ist, d. h. ein rechtskräftiges, den Ehebruch beweisendes Civil- oder strafgerichtliches Erkenntnis vorliegt (ähnlich dtsch. B.G.B. § 1312).

b) **Gattenmord** (conjugicidium) (§ 68). Dieses vom kanonischen Recht abweichend gestaltete (dem dtsch. B.G.B. fremde) Ehehindernis setzt voraus: gegenseitiges Eheversprechen von Personen, von denen wenigstens die Eine gültig verehelicht ist; sodann ein zum Zwecke der Erfüllung desselben, wenn auch nur von seite des einen Promittenten und unabhängig von dem Willen des anderen, vorgenommener, als Mord oder Mordversuch im strafrechtlichen Sinne erscheinender A n g r i f f auf das Leben des Gatten, welcher der beabsichtigten Ehe im Wege steht.

c) T e i l n a h m e a n d e r T r e n n u n g s u r s a c h e (§ 119). Dieses dem kanon. Recht fremde Ehehindernis besteht zwischen einem rechtmäßig getrennten Ehegatten und jener (dritten) Person, welche die Trennung auf eine im Ehetrennungsverfahren b e w i e s e n e s t r ä f l i c h e A r t, d. i. durch eine rechtlich oder sittlich verpönte Handlungsweise, namentlich Ehebruch (vgl. dtsch. B.G.B. § 1314) veranlaßt hat. Ein Eheversprechen braucht nicht vorzuliegen.

2. Als m i t t e l b a r e F o l g e einer unerlaubten Handlung tritt Unfähigkeit zur Eheschließung ein im Falle der Entführung und der strafgerichtlichen Verurteilung.

§ 10. **a) Entführung (imp. raptus)** (§ 56).

Rittner, Eher., § 17. — Anders, Familienr., § 10 Z. 2 u. d. Litt. das. — Stubenrauch ad § 56. — Ofner, Prot. II. S. 341, 342, 500.

Dieses Ehehindernis weicht in Grundlage und Gestaltung vom gem. kanon. Recht ab. Auch ist bei demselben die Auslegung aus dem Strafgesetze (a. St.G.B. § 96) unzulässig. Unter Entführung ist hier zu verstehen: die durch G e w a l t o d e r L i s t b e w i r k t e F o r t b r i n g u n g e i n e r P e r s o n a n e i n e n v o n i h r e m A u f e n t h a l t s o r t e v e r s c h i e d e n e n O r t u n d w i d e r r e c h t l i c h e s F e s t h a l t e n d a s e l b s t. Gleichgültig ist das Motiv der Entführung und das Geschlecht des Entführten. Die Unfähigkeit des Entführers zur Eheschließung mit der Entführten fällt nicht unter den Gesichtspunkt der Strafe, sondern ist eine Folge der durch die Entführung bewirkten B e e i n t r ä c h t i g u n g d e r p e r s ö n l i c h e n F r e i h e i t d e s E n t f ü h r t e n. Das Ehehindernis stellt sich daher als ein qualifiziertes imped. vis ac metus dar, welches die Redaktoren auch stets in Verbindung mit diesem letzteren besprochen haben (und aus diesem Grunde dem dtsch. B.G.B. als selbständiges Hindernis fehlt). (Vgl. auch die Marg. R. zu §§ 55 ff., das Wort „auch" in § 56 und dessen Textierung „noch nicht in ihre Freiheit versetzt".) Daher ist das Hindernis beschränkt auf die Dauer des durch die Entführung geschaffenen Zustandes mangelnder Willensfreiheit. Die entführte Person ist während dieser Zeit absolut eheschließungsunfähig; und durch Entführung mit Willen der Entführten, aber gegen den Willen ihrer Eltern oder Vormünder, wird das Hindernis nicht begründet.

§ 11. **b) Strafgerichtliche Verurteilung** (§ 61).

Rittner, Eher., § 19. — Anders, Familienr., § 10 Z. 3 u. d. Litt. das. — Stubenrauch, ad § 61. — Vgl. auch die in Krainz=Pfaff, § 426 Anm. 4 a cit. Litt. — Ofner, Prot. I. S. 85—91, 501.

Die von einem zur T o d e s = o d e r s c h w e r e n K e r k e r s t r a f e verurteilten Verbrecher nach Kundmachung des rechtskräftigen Urteils und vor ausgestandener Strafe oder erlangter Strafnachsicht geschlossene Ehe ist ungültig. Dieses aus ethischen Rücksichten hervorgegangene, von den Redaktoren unter den Gesichtspunkt des wesentlichen Irrtums gebrachte Hindernis (das dem dtsch. B.G.B. als selbständiges Hindernis fremd ist) gilt heutzutage nur mehr für die von den Militärstrafgerichten verurteilten Verbrecher mit Ausnahme der Angehörigen der Landwehr und der Gendarmerie (§ 5 des Ges. vom 15. November 1867 R.G.B. 131; §§ 45—47 des Mil.St.G.B. von 1855; § 1 des Ges. vom 2. April 1885 R.G.B. 93 und § 10 des Ges. vom 26. Februar 1876 R.G.B. 19).

II. Materielle Beschaffenheit der Eheschließungserklärung.

Rittner, Eher., §§ 24—28. — Anders, Familienr., § 11 u. d. Litt. das. — Krainz-Pfaff, II. § 427 u. d. Litt. das. — Stubenrauch, ad §§ 55, 57—59, 121. — Pfersche, Die Irrtumslehre des öst. Privatrechts, 1891, § 5. — Ofner, Prot. I. S. 78—91; II. S. 341, 342, 500.

§ 12. a) Irrtum und Betrug (§§ 57—59).

Materielle Willensmängel kommen bei der Eheschließung, namentlich wenn sie persönlich erfolgt, weit seltener vor, als bei den meisten anderen Rechtsgeschäften. Der Grund dieser Erscheinung liegt einerseits in dem Umstande, daß der wesentliche Inhalt des Ehevertrages durch das objektive Recht selbst u. z. unabänderlich bestimmt ist, andererseits in der Öffentlichkeit und Solennität der Eheschließung. Denn letztere drängt zu der Annahme, daß die solennen Willenserklärungen der Kontrahenten die gesetzlich geforderte materielle Beschaffenheit haben. Strenge Anforderungen sind daher an den Beweis des Gegenteils zu stellen.

Wie die umfassenden Erörterungen der Redaktoren über die Bedeutung von Irrtum und Betrug bei der Eheschließung, sowie das Gesetzbuch selbst, beweisen, hat den Redaktoren die Doktrin des kanonischen Rechtes (insbes. im Dictum Gratiani C. 29 qu. 1) zum Vorbilde gedient. Daher wird der gleichviel wie entstandene Irrtum in der Person des Mitkontrahenten als Nichtigkeitsgrund erklärt (§ 57), während grundsätzlich „alle" übrigen, wenngleich durch Betrug (dolus) hervorgerufenen Irrtümer der Kontrahenten, insbesondere also der bloße Irrtum in Eigenschaften, unberücksichtigt bleiben (§ 59). In größerem Umfange berücksichtigt das dtsch. B.G.B. den Irrtum (§ 1333).

Für die wichtige Frage, ob in concreto Irrtum in der Person, Personenverwechslung (error in persona) vorliege, ist, besonders vom Standpunkte des öst. Rechts, entscheidend, daß die Person, mit welcher die Ehe geschlossen werden soll, bereits durch das vorhergehende Verlöbnis und das Aufgebot (bezw. die Dispens von letzterem) individuell bezeichnet ist, sodaß die Eheschließung keinen neuen Willensentschluß mehr enthält bezüglich der Person des Mitkontrahenten. Aus dieser Erwägung ergiebt sich: ist die Person der Verlöbniserklärung (bezw. des Aufgebotes) nicht identisch mit jener der Eheerklärung, so liegt Personenverwechslung vor. Bei körperlicher Anwesenheit oder persönlicher Bekanntschaft sind die einzelnen Eigenschaften (Merkmale) der Person für ihre Identität gleichgültig, weil die Bestimmung der Person durch die Totalität ihrer äußeren Erscheinung, durch lokale Bezeichnung erfolgt. Fehlt aber die persönliche Anwesenheit bezw. Bekanntschaft, so ist Irrtum in der Person vorhanden, wenn jenes Merkmal, durch welches die Person des Verlöbnisses individualisiert wird, dem Kontrahenten der Eheschließung fehlt. In diesem Falle liegt nur scheinbar ein Qualitätsirrtum, in Wahrheit aber eine besondere Gestaltung der Personenverwechslung, der von den Kanonisten sog. error qualitatis in personam redundans vor, den schon die Redaktoren der ersterwähnten Gestaltung der Personenverwechslung gleichgestellt haben. Erfolgt die Bestimmung der Person des Verlöbnisses lediglich durch qualitative Bezeichnung, der Abschluß der Ehe aber persönlich, so dürfte auch in diesem Falle die Regel Anwendung finden; d. h. Personenverwechslung liegt vor, wenn jene qualitative Bezeichnung auf die Person der Eheschließung nicht paßt. War ein Kontrahent, der die Eheschließungserklärung abgiebt, der irrtümlichen Meinung, er habe keine Eheerklärung, sondern allenfalls eine Verlöbniserklärung abgegeben, so wird man wohl, zumal der in solchen Fällen stets vorhandene Betrug rechtlich irrelevant ist, wegen des fehlenden Eheschließungs-Willens die Ehe

als ungültig behandeln müssen. Liegt dagegen erwiesenermaßen Eheschließungs=
absicht und nur eine unrichtige Erklärung vor (z. B. der Kontrahent sagt aus
Versehen „nein" statt „ja"), so kommt die Ehe trotzdem zu stande.

Ein Irrtum in Bezug auf das Geschlecht des Mitkontrahenten ist gleichgültig, weil
ja in dieser Beziehung nur der objektive Sachverhalt entscheidet. Ein Irrtum in Bezug
auf die rechtliche Gestaltung der beabsichtigten Ehe kommt als Rechtsirrtum gar nicht in
Betracht.

Die einzige dem kanon. Recht fremde Ausnahme von der grundsätzlichen Irrelevanz
des bloßen Qualitätsirrtums bildet der sog. Irrtum bezüglich der Schwangerschaft
der Gattin von einem Dritten (§ 58), welcher relative Nichtigkeit der Ehe bewirkt, wenn
dem Ehemann, dem die Übertretung des § 120 nicht zur Last fällt, die zur Zeit der Ehe=
schließung vorhandene Schwangerschaft der Gattin von einem Dritten in diesem Zeitpunkte
noch unbekannt ist. (Auch die Fälle der §§ 60, 61 haben die Redaktoren — unrichtiger
Weise — als weitere Ausnahmen betrachtet.)

In nicht zu billigender Weise haben die Redaktoren nach lebhaftem Streite, in Über=
einstimmung mit dem kanon. R., den Grundsatz ausgesprochen, daß Betrug (dolus)
als solcher, selbst wenn er vom Mitkontrahenten ausgeht, die Gültigkeit der Ehe=
schließung nicht berührt. (Anders das dtsch. B.G.B. § 1334, welches jedoch die
Berücksichtigung des dolus einschränkt.)

Die Nichtigkeit einer solchen Ehe, der die sittliche Grundlage fehlt, erscheint als ein
durch den ethischen Charakter der Ehe gebotenes Postulat. Dessen Verwirklichung und eine
entsprechende Gestaltung des Ehetrennungsrechtes vorausgesetzt — Voraussetzungen, die
leider dem öst. Recht fehlen — ist der dem letzteren eigene Grundsatz der rechtlichen Irre=
levanz des bloßen Qualitätsirrtums das richtige legislatorische Princip.

§ 13. b) Absichtlich unrichtige Erklärungen. Zwang. Bedingte
Eheschließung.

1. Ungültig ist eine erkennbar nicht ernstliche Eheerklärung. Ist aber der
Mangel an Ernstlichkeit objektiv nicht erkennbar, so liegt ein Fall von Mentalreservation
vor, welche die Gültigkeit der Eheerklärung nicht berührt. Im Falle der Simulation
ist die nach außenhin selbständig auftretende Schein=Eheerklärung als ernstliche und darum
als gültige zu behandeln, umsomehr, als der Zweck der Solennität und Öffentlichkeit der
Eheschließung die Berufung der Kontrahenten auf geheime Gegenerklärungen ausschließt.
Die simulierte Eheerklärung ist daher gültig.

2. Zwang (vis ac metus) (§ 55). Im Falle von vis absoluta und einer das
Bewußtsein ausschließenden Drohung (vgl. §§ 1306, 1307) ist die Ungültigkeit der Ehe=
erklärung eine selbstverständliche.

Oft und energisch haben die Redaktoren den Grundsatz der Freiheit der Einwilligung
in die Ehe betont und daher, im Einklange mit dem kanon., röm. und modernen Rechte,
auch die durch psychologischen Zwang (vis compulsiva) bewirkte Eheschließung als nichtig
erklärt, gleichviel von wem die Drohung ausgeht (vgl. auch dtsch. B.G.B. § 1335). Die
Nichtigkeit setzt aber voraus, daß die durch Drohung bewirkte Furcht des Bedrohten diesen
zu der durch die Drohung bezweckten Eheschließung bestimmt habe. Die Furcht muß eine
„gegründete" sein. Der Richter hat nach freiem Ermessen, mit Berücksichtigung der subjek=
tiven und objektiven Umstände des konkreten Falles (vgl. § 55), zu entscheiden, ob dieses
Moment vorliege. Aus dem erwähnten Princip der Freiheit des Eheschließungswillens folgt
die auch von den Redaktoren hervorgehobene Unrechtmäßigkeit einer jeden Eheschließung be=
zweckenden Drohung.

3. Bedingte Eheschließung (§ 59). Die Ehe ist eine principiell auf Lebens=
zeit eingegangene Verbindung und kann daher auch nicht resolutiv bedingt oder mit einem
Endtermin abgeschlossen werden. Suspensiv bedingte Eheschließungen sind zwar, wo nicht
die Eheschließungsform entgegensteht, somit auch nach öst. Recht, an sich juristisch möglich.
Aber sie sind in Hinblick auf Bedeutung und Zweck des Verlöbnisses überflüssig und zugleich

höchst bedenklich, namentlich dann, wenn die Beurkundung der Erfüllung und der Deficienz der Bedingung nicht vorgeschrieben ist. Da eine solche Bestimmung dem öst. Recht fehlt, so ist es um so mehr zu billigen, daß dasselbe, abweichend vom kanon. Recht, aber im Einklange mit der allgemeinen Rechtsentwicklung, bedingte Eheschließungen als unzulässig erklärt (ebenso dtsch. B.G.B. § 1317). Der Nichtachtung dieses Bedingungsverbotes sucht das öst. Recht entgegen zu wirken, indem es die Bedingung, gleichviel welcher Art, als non scripta behandelt, somit die bedingte Eheschließung der unbedingten rechtlich gleichstellt. De lege ferenda entspräche dem Wesen des bedingten Ehekonsenses die principielle Nichtigkeit desselben (vgl. dtsch. B.G.B. § 1317).

§ 14. 2. Kapitel. Form der Eheschließung.

Rittner, Eher., § 30. — Anders, Familienr., § 12 u. d. Litt. daj.

Nach langer, in den verschiedensten Gestaltungen auftretender Entwicklung, die im kanon. Rechte durch die Aufgebotsvorschrift des 4. lateranensischen Konzils (1215) energisch gefördert wurde und im Rechte des Tridentinischen Konzils (Sess. 24 cap. 1 de ref.) ihren Abschluß fand, ist die Solennität der Eheschließung, ihre Beglaubigung durch öffentliche Organe, ein allen Gesetzgebungen der modernen Kulturvölker gemeinsamer, durch das öffentliche wie das Privatinteresse gebieterisch geforderter und daher auch strenge gewahrter Grundsatz geworden. Die Gültigkeit der Eheschließung ist also an die Beobachtung einer gesetzlichen Form gebunden, und es ist somit die Eheschließung ein **solennes, formales Rechtsgeschäft**. Die öffentlichen Organe, denen der Staat die Mitwirkung bei der Eheschließung zuweist, können kirchliche wie staatliche Organe sein. Je mehr das materielle Princip der Civilehe, nämlich die selbständige staatliche Behandlung der Ehe als Rechtsinstitut, zum Durchbruche gelangte, je mehr die hiedurch verursachte materielle Verschiedenheit zwischen kirchlichem und staatlichem Eherecht die Gefahr von Konflikten zwischen Kirche und Staat steigerte, desto dringender gestaltete sich für den Staat das Bedürfnis, auch das formelle Princip der Civilehe zur Geltung zu bringen, nämlich eine civile Eheschließungsform (Eheschließung vor einer Civilbehörde) zu schaffen. Dieses Postulat trat besonders gebieterisch dort hervor, wo das Princip der Gleichberechtigung der Konfessionen in die Staatsgrundgesetze Eingang gefunden hatte. In Österreich wurde dem unabweislichen Bedürfnisse erst durch die Ehegesetzgebung der Jahre 1868 und 1870, jedoch nur teilweise Rechnung getragen. Denn — im Gegensatze zu der in den meisten europäischen Kulturstaaten und so auch neuestens (1895) in Ungarn eingeführten sog. obligatorischen Civilehe, welche auch die ausschließliche gesetzliche Form des dtsch. B.G.B. bildet (vgl. §§ 1316—1321), — ist derzeit in Österreich die Eheschließung vor kirchlichen Organen (kirchliche Eheschließungsform) noch immer die **normale Form** und die Eheschließung vor der Civilbehörde (**civile Eheschließungsform**) wird grundsätzlich nur als sog. Notcivilehe und nur für Personen, die keiner gesetzlich anerkannten Kirche angehören, als obligatorische Civilehe zugelassen.

§ 15. I. Kirchliche Eheschließungsform.

Rittner, Eher., § 31 u. d. Litt. daj. — Anders, Familienr., § 13 u. d. Litt. daj. — Krainz-Pfaff, §§ 426, 428, 433 u. d. Litt. daj. — Stubenrauch, ad §§ 69—77, 80—82, 88, 122 u. die ad § 88 cit. Litt. — v. Mahl-Schedl i. öst. Staatswörterbuch, heraug. v. Mischler u. Ulbrich, II. S. 702 ff. — Ofner, Prot. I. S. 106—108, 110, 115, 123, 124; II. S. 339 Anm., 343, 344 Anm., 409, 410, 501—506, 510, 511.

Sie setzt sich zusammen aus dem Aufgebot und dem Eheschließungsakte selbst (§ 69 „wesentliche Förmlichkeiten").

A) Das Aufgebot (§§ 70—74, 126; Ges. v. 31. Dezember 1868 Nr. 4 ex 1869). Es ist die gesetzesgemäße (§ 70) öffentliche Verkündigung der beabsichtigten Eheschließung und bezweckt die Verhütung rechtswidriger Ehen, ist somit Präventivmaßregel, wie nach kanon. Rechte, zugleich aber ein Bestandteil der Solennitätsform, somit (innerhalb gewisser Grenzen) Gültigkeitsvoraussetzung.

Das A. ist an drei, bei Judenehen aufeinanderfolgenden, Sonn= (Sabbath=) oder Feiertagen von dem eigenen Seelsorger (Pfarrer, Rabbiner u. s. w.) des Wohnsitzes bezw. Aufenthaltsortes jedes Kontrahenten, persönlich oder durch seinen Stellvertreter, bei Juden= ehen aber, in Ermangelung einer Synagoge oder eines gemeinschaftlichen Bethauses, vom Gemeindevorstande („Ortsobrigkeit") oder seinem Stellvertreter, vorzunehmen. Das A. ist zu richten „an die gewöhnliche Kirchenversammlung" des Kirchensprengels. Judenehen müssen in der Synagoge oder dem gemeinschaftlichen Bethause und in deren Ermanglung im Amtslokale der Gemeinde (Gemeindehause) verkündigt werden. Hat der Aufenthalt der Verlobten am Orte der Eheschließung zur Zeit, wo dieselbe erfolgen soll, weniger als sechs Wochen gedauert, so ist das A. nicht nur an diesem, sondern auch an jenem Orte vor= zunehmen, wo die Verlobten zuletzt mindestens sechs Wochen gewohnt haben. (Über das A. bei Militärpersonen vgl. die Ausgabe des a. b. G.B. von Manz=Schey ad § 71.) Das A. verliert seine Wirksamkeit und ist daher zu wiederholen, wenn seit dem Tage der letzten Verkündigung (oder der erteilten Dispens) sechs Monate verstrichen sind.

Schuldbare Nichtbeobachtung der das A. regelnden Normen zieht eine „angemessene" Strafe nach sich. Die Gültigkeit der Ehe setzt aber, wenn nicht vom A. gänzlich dispensiert wurde, nur die einmalige öffentliche Verkündigung des Vor= und Familiennamens beider Brautleute und ihrer beabsichtigten Ehe im Pfarrbezirke derselben voraus, sowie Wieder= holung des A. im Falle des § 73. Ist die Ehe ungültig und wird nach erwirkter Dispens die Eheschließung erneuert, so bedarf es der Wiederholung des A. nicht (§ 88).

B) Konsenserklärung (§§ 75—82; Ges. v. 31. Dezember 1868, R.G.B. Nr. 4 ex 1869). Die von den Redaktoren in ihrer Bedeutung unterschätzte Solennitätsform der Eheschließung selbst, im wesentlichen die Tridentinische Form, besteht in der Konsenserklärung vor dem ordentlichen Seelsorger eines der Brautleute oder vor dessen Stellvertreter in Gegenwart mindestens zweier Zeugen. Diese „feierliche Erklärung der Einwilligung" ist Trauung im gesetzlichen Sinne.

Kompetent zur Trauung ist der eigene ordentliche Seelsorger des Domizils, in dessen Ermanglung des Aufenthaltsortes, des einen oder des anderen Verlobten, so daß bei Verschiedenheit des Domizils oder der Konfession die Eheschließenden freie Wahl zwischen den beiden Seelsorgern haben. Ordentlicher Seelsorger eines bestimmten Be= zirkes ist aber, ohne Rücksicht auf den Titel, jener einer staatlich anerkannten Religions= genossenschaft angehörende, der österreichischen Staatsgewalt unterstehende Geistliche, welcher in diesem Bezirke, zeitweilig oder dauernd, für die unmittelbare Ausübung der Seelsorge rechtmäßig bestellt ist (in der Regel also Pfarrer, Pastor, Rabbiner oder Religionsweiser). (Bezüglich der Militärpersonen vgl. Manz=Schey ad § 75.) Die Trauung kann auch (wie nach kanon. Rechte) durch einen vom ordentlichen Seelsorger als Stellvertreter be= stellten Seelsorger vorgenommen werden. Ein solches Verhältnis ist nach der Erklärung der Redaktoren keineswegs wie ein gewöhnliches privatrechtliches Stellvertretungsverhältnis zu behandeln (daher nicht anwendbar § 1010). (Anders die herrschende Meinung.) Über den juristischen Charakter der Mitwirkung des Seelsorgers beim Eheschließungs= akte sind sich die Redaktoren vollkommen klar gewesen. Jene Mitwirkung besteht hienach weder in der Vornahme einer rituellen Handlung, noch ist der Seelsorger bloßer Beweis= zeuge (wie nach kanon. Rechte). Er ist vielmehr Solennitätszeuge bei einem privat= rechtlichen Rechtsgeschäfte, dessen Beglaubigung ihm in Vertretung staatlicher Organe, somit als vom Staate bestellte Amtsperson, obliegt.

Die beiden Zeugen, die gleichzeitig mit dem Seelsorger gegenwärtig sein müssen, sind weder Solennitätszeugen, noch brauchen sie Beweiszeugen im prozessualen Sinne zu sein. Es genügt, wenn sie die in ihrer Gegenwart stattfindenden Vorgänge wahrzunehmen und zu bezeugen vermögen. Die im Falle des § 88 zugelassene Konsenserneuerung vor zwei „vertrauten Zeugen" betrifft keine besondere Qualifikation der letzteren, sondern soll — wie die Protokolle zeigen — nur die vom kanon. Rechte nach Wegfall eines ge= heimen Hindernisses gestattete Ausschließung der Öffentlichkeit der Konsenserneuerung bedeuten.

Mit Bewilligung der politischen Landesbehörde darf der Ehekonsens, wie nach kanon. Rechte, auch durch einen „Bevollmächtigten" erklärt werden. Doch wird, dem ethischen Charakter der Ehe entsprechend, nur sog. Stellvertretung in der Erklärung (nicht auch im Willen) zugelassen. Daher muß, soll die Ehe gültig sein, in der Vollmacht die Person, mit welcher die Ehe geschlossen werden soll, individuell bezeichnet sein und im Momente der Konsenserklärung des Bevollmächtigten der Wille des Vertretenen, diese Ehe zu schließen, noch rechtswirksam fortbestehen.

Zum Zwecke eines zuverlässigen, dauerhaften Beweises der Eheschließung ist dieselbe, nach den hiefür geltenden Vorschriften, von dem dazu berufenen Geistlichen durch Eintragung in das Trauungsbuch (Trauungsmatrikel) zu beurkunden.

§ 16. II. Civile Eheschließungsform.

Rittner, Eher., § 32. Anders, Familienr., § 14 u. d. Litt. das. — Krainz-Pfaff, §§ 426, 428, 433. — Stubenrauch, ad §§ 69—77, 80—82; v. Mahl-Schedl i. öst. Staatswörterbuch, II. S. 378 ff., S. 702 ff.

Die einschlägigen Normen (vgl. hiemit dtsch. B.G.B. §§ 1316—1321), welche im wesentlichen nur das zur Mitwirkung bei der Eheschließung berufene Organ betreffen, haben den Zweck, ohne Verletzung der kirchlichen Selbständigkeit (vgl. auch dtsch. B.G.B. § 1588) dem Principe des von der Kirche unabhängigen staatlichen Ehegesetzgebungsrechtes volle Geltung zu verschaffen.

1. Für Angehörige einer gesetzlich anerkannten Kirche: bedingte oder Notcivilehe (Ges. v. 25. Mai 1868 Nr. 47, Vollz.-Vbg. v. 1. Juli 1868 Nr. 80). Zur Vornahme des Aufgebotes wie zur Konsensaufnahme ist hier die politische Behörde erster Instanz berufen, in deren Bezirk der diese Akte aus einem staatsgesetzlich nicht anerkannten Hinderungsgrunde verweigernde Seelsorger seinen Amtssitz hat. Bei staatsgesetzlich begründeter Weigerung des Seelsorgers könnte es zu dessen „passiver Assistenz" auf Grund des § 79 kommen. Grundlose Verweigerung des Aufgebotes durch den Seelsorger berechtigt, dessen Vornahme und die Konsensaufnahme von der Civilbehörde zu begehren. Doch kann sich die Eheschließungsform auch zu einer gemischten (teils kirchlichen, teils civilen) gestalten, weil es genügt, wenn das Aufgebot durch die kirchliche, die Konsensaufnahme durch die weltliche Behörde oder umgekehrt erfolgt.

Die weltliche Behörde darf zu Aufgebot oder Konsensaufnahme auf Ansuchen der Parteien erst dann schreiten, wenn die Weigerung des Seelsorgers gesetzesgemäß festgestellt ist (Art. II § 2, V.-Vbg. §§ 5, 6). Das durch Eintragung in das Aufgebotsbuch zu beurkundende Civilaufgebot hat, in Ermangelung einer Dispens, bei sonstiger Nichtigkeit der Ehe (anders dtsch. B.G.B. § 1316), zu erfolgen durch öffentlichen Anschlag an der amtlichen Kundmachungstafel der aufbietenden Behörden, wie des Gemeindeamtes des Wohnortes jedes Verlobten und muß durch drei Wochen affigiert bleiben, bevor zur Eheschließung geschritten werden kann (Art. II § 5, V.-Vbg. §§ 7—11, 13—15). Die Ehekonsenserklärung ist abzugeben vor dem Vorsteher der kompetenten oder der von ihr delegierten politischen Behörde erster Instanz oder vor seinem Stellvertreter in Gegenwart mindestens zweier Zeugen und eines beeideten Schriftführers. (Zum Teil wesentlich verschieden die Form des dtsch. B.G.B. §§ 1317—1320, zumal es der Zeugen nicht bedarf.) Der Eheschließungsakt ist zu protokollieren und durch Eintragung in das Eheregister zu beurkunden (Art. II §§ 6—8, V.-Vbg. §§ 12, 16—23, ebenso dtsch. B.G.B. § 1318).

2. Für Personen, welche keiner gesetzlich anerkannten Kirche angehören, ist die civile Eheschließungsform eine obligatorische (Ges. v. 9. April 1870 Nr. 51). Kompetent zur Vornahme des Aufgebotes und zur Konsensaufnahme ist die politische Behörde erster Instanz des Wohnsitzes der Brautleute. Gehört der eine Nupturient einer anerkannten Kirche an, so ist bezüglich dieses Teiles das Civilaufgebot nur als Notcivilaufgebot zulässig. Die Trauung selbst aber kann nach freier Wahl der Verlobten von dem Seelsorger des nicht konfessionslosen Teiles oder von der politischen Behörde vorgenommen werden, so daß die Civiltrauung hier eine fakultative ist.

3. Kapitel. Ungültigkeit der Eheschließung und Behebung der Nichtigkeit.

§ 17. I. Ungültigkeit der Eheschließung.

(§§ 93—102; Hfd. v. 23. Aug. 1819, J.G.S. 1595.)

Rittner, Eher., §§ 33—37. — Anders, Familienr., § 15 u. d. Litt. daf. — Krainz-Pfaff, § 430. — Stubenrauch, ad §§ 93—102 u. d. Litt. daf. — Ofner, Prot. I. S. 115—124, 133; II. S. 339 Anm., 344, 345, 506—508.

Fehlt zur Zeit der Eheschließung eine Gültigkeitsvoraussetzung der Ehe, so kommt eine Ehe im Rechtssinne nicht zustande. Die Ehe ist ungültig (nichtig). Beruht aber die faktische Verbindung auf einem äußerlich als rechtsförmliche Eheschließung erscheinenden Akt, so besteht eine Scheinehe, deren Lösung nicht in das bloße Belieben der Scheingatten gestellt werden kann. Erst dann nämlich kann die Scheinehe als nichtig behandelt werden, wenn sie durch rechtskräftiges richterliches Erkenntnis (Nullitätsurteil) als nichtig erklärt worden ist (§§ 93 ff.). Letzteres hat also nicht bloß deklarative, sondern zugleich konstitutive Wirkung, ist somit (gesetzliche) Bedingung der Nullität (vgl. auch dtsch. B.G.B. § 1323). Von dieser allen Ehenichtigkeitsfällen gemeinsamen Gestaltung abgesehen, hat die qualitative Verschiedenheit der Ehegültigkeitsvoraussetzungen auch eine qualitativ verschiedene Gestaltung der Ehenichtigkeit zur Folge. Bei einer Reihe von Nichtigkeitsgründen kann jeder Interessent (absolute Nullität), bei anderen können nur bestimmte Personen (relative Nullität) die richterliche Nullitätserklärung begehren. In manchen Fällen, wo man von Hindernissen des öffentlichen Rechts (imp. publica) spricht, ist der Nichtigkeits- (oder Vinkular-) Prozeß von Amtswegen einzuleiten, während bei sog. Hindernissen des Privatrechts (imp. privata) der Richter nur auf Verlangen einer Privatpartei einschreitet. Mit dieser letzteren, erst im Ehepat. für Salzburg v. 13. April 1808 durchgeführten Einteilung allein haben, wie auch das G.B. zeigt, die Redaktoren operiert. Aus der auch von diesen Letzteren betonten Notwendigkeit, die Scheinehe wegen ihrer tiefgreifenden, häufig unverwischbaren Folgen nicht jedem rechtlichen Interesse preiszugeben, erklärt sich die Thatsache, daß die Fälle relativer Nullität viel zahlreicher sind als auf den übrigen Privatrechtsgebieten, und Fälle der Nullitätserklärung von Amtswegen nur als vom öffentlichen Interesse geforderte Ausnahmen gedacht wurden. Die (den Redaktoren nicht zum Bewußtsein gelangte) Beziehung zwischen den beiden erwähnten Einteilungen der Nullität bezeichnet der Grundsatz: jedes öffentlichrechtliche Hindernis begründet absolute, jedes privatrechtliche Hindernis relative Nullität. Das dtsch. B.G.B. § 1323 ff. unterscheidet zwischen „nichtigen" und „anfechtbaren" Ehen, eine Unterscheidung, die im wesentlichen der Einteilung in imp. publica und privata entspricht. (Über den Nullitätsprozeß vgl. das Civilprozeßrecht.)

a) Hindernisse des öffentlichen Rechts (absolute Nichtigkeit).

(§ 94; Hfd. v. 27. Juni 1837, J.G.S. 208.)

Diese sind: Entführung, Eheband und das Hindernis des Katholizismus (Hfd. v. 26. August 1814), höhere Weihen, Ordensgelübde, Religionsverschiedenheit, Verwandtschaft, Schwägerschaft, Ehebruch, Gattenmord, Teilnahme an der Trennungsursache und ein Formmangel der Konsenserklärung (vgl. hiemit dtsch. B.G.B. §§ 1324—1328). In diesen Fällen ist das Nullitätsverfahren von Amtswegen selbst dann noch einzuleiten, wenn der Nichtigkeitsgrund bereits hinweggefallen ist. (Nach den Protokollen zweifelhaft.) Die der Verjährung nicht unterliegende Anfechtung der absolut nichtigen Ehe durch die Scheingatten ist an deren Schuldlosigkeit nicht gebunden; dieselbe bildet (wie auch die Protokolle beweisen) nur bei Privathindernissen eine Voraussetzung ihres Bestreitungsrechtes. Die Untersuchung der Nichtigkeit einer (durch Tod oder Trennung) bereits aufgelösten, absolut nichtigen

Ehe muß, falls die Gültigkeitsfrage präjudizielle Bedeutung besitzt, auf Verlangen von Privatinteressenten oder einer Behörde eingeleitet werden.

b) **Hindernisse des Privatrechts** (relative Nichtigkeit) (§§ 94—96).

A) Das **Bestreitungsrecht** steht in diesen Fällen (vgl. dtsch B.G.B. §§ 1330—1335, 1350) zu:

1. **dritten Personen**, welche durch die Eheschließung „in ihren Rechten gekränkt" worden sind; d. h. gesetzliche Vertreter Minderjähriger oder Pflegebefohlener können deren Ehe wegen eigenmächtiger Eheschließung bestreiten (vgl. hiemit dtsch. B.G.B. § 1336). Die Vormundschaftsbehörde ist (wie schon die Protokolle beweisen) bestreitungsberechtigt, falls der Mangel ihrer Einwilligung den Nichtigkeitsgrund bildet (Hfd. v. 22. Sept. 1821 J.G.S. 1802; nicht entgegen steht Hfd. v. 17. Juni 1825 J.G.S. 2112); 2. den **Ehegatten** selbst unter der Voraussetzung ihrer **Schuldlosigkeit**. In Schuld befindet sich aber, nach dem auch hier maßgebenden allgemeinen Schuldbegriff, jener Gatte, dem nach den Grundsätzen der Imputation zur Schuld dolus oder culpa bezüglich der Thatsache zur Last fällt, daß eine relativ nichtige Ehe geschlossen wurde. Da aber Rechtsirrtum die Imputation nicht ausschließt, so kommt es lediglich auf Kenntnis oder Unkenntnis des Nichtigkeitsgrundes an. Aus diesem allgemeinen Gesichtspunkt ergeben sich alle einzelnen Entscheidungen des § 95 von selbst. Eine wegen Zwanges oder Irrtums ungültige Ehe kann möglicherweise von beiden Gatten, im Falle des § 58 jedoch nur vom getäuschten Ehemanne, bestritten werden. Beide Gatten können bestreitungsberechtigt sein im Falle von Impotenz, während bei krimineller Verurteilung nur der nicht verurteilte Gatte die Ehe bestreiten kann. Daß bei unterbliebenem Aufgebot nur die Gatten, u. z. im Falle ihrer Schuldlosigkeit beide Teile, anfechtungsberechtigt sind, beweist schon die Redaktionsgeschichte. Persönliche Ausübung des Bestreitungsrechtes ist nicht erforderlich, daher es für Willensunfähige durch ihre gesetzlichen Vertreter ausgeübt wird. Minderjährige bedürfen jedoch hiezu keines Vertreters (Hfd. v. 23. August 1819).

Das Bestreitungsrecht entfällt (vgl. dtsch. B.G.B. § 1373—1343): 1. durch **Willenserklärung des Berechtigten**, nämlich durch dessen Verzicht bezw. Ratihabition (Genehmigung der Ehe); 2. **unabhängig vom Willen des Berechtigten**: a) wenn letzterer nach erlangter Kenntnis des Ungültigkeitsgrundes, oder doch wenigstens nach dem Aufhören des die Ungültigkeit begründenden Zwanges, oder nach erworbener Eigenberechtigung „die **Ehe fortgesetzt**" hat, worunter die Redaktoren — in nicht zu billigender Weise — die Fortsetzung der ehelichen Beiwohnung, nicht bloß der Hausgemeinschaft, verstanden haben; b) durch Aufhören des das Bestreitungsrecht begründenden **Abhängigkeitsverhältnisses** des Eheschließenden, z. B. der väterlichen Gewalt, Vormundschaft, Kuratel; c) als höchstpersönliches Recht durch **Wegfall des Bestreitungsberechtigten**. Succession in das Bestreitungsrecht ist somit ausgeschlossen. Hat aber der Erblasser die Nullitätsklage bereits angestellt: so treten die Erben in den noch schwebenden Prozeß ein; d) (nach der herrschenden Meinung) durch **Verjährung** der Nullitätsklage, was jedoch im Hinblick auf die übrigen Erlöschungsgründe nur im Falle der ausnahmsweisen 3jährigen Verjährungsfrist (§ 1487) praktische Bedeutung hat. Vornehmlich aus diesem letzteren Grunde haben die Redaktoren die wiederholt beantragte Beschränkung des Bestreitungsrechtes auf eine Präklusivfrist abgelehnt (mit Recht anders dtsch. B.G.B. §§ 1339, 1340, 1350).

§ 18. **II. Wegfall der Nichtigkeitsgründe.**

Rittner, Eher., §§ 21, 22, S. 225, 226, § 38. — Anders, Familienr., § 16 u. d. Litt. das. — Krainz-Pfaff, § 429. — Stubenrauch, ad §§ 83—88. — Ofner, Prot. I. S. 111, 112, 123, 124; II. S. 339 Anm., 344, 505, 506.

A) Im Allgemeinen.

Nullitätsgründe, die nicht in einem bleibenden Zustande bestehen, können faktisch hinwegfallen (**faktische Erlöschung**). Juristisch besteht ein Nullitätsgrund nicht mehr, wenn er seine Wirkung als solcher verliert. So bei Privathindernissen, wenn das

Unterbleiben der Bestreitung und damit die Gültigkeit der Ehe ex tunc entschieden ist. So außerdem im Falle der **Dispensation** (Dispens, „Nachsicht"), eine Verfügung des kompetenten Organs, daß die einen Nichtigkeitsgrund enthaltende Norm auf den bestimmten konkreten Fall, trotz ihrer Anwendbarkeit, nicht angewendet werden solle. Diese Suspension in concreto erscheint somit als Privilegium (in der Regel Autorisation, bei Dispens vom Aufgebote: Befreiung).

B) Behebung durch Dispensation (§§ 83—88).

1. **Geschichte.** Zweck und Eigenart der Ehedispensen erklärt die Thatsache, daß das Dispenswesen, namentlich in späterer Zeit, zum Elemente der Entwicklung des Eherechtes und innerhalb gewisser Grenzen insbesondere zum Regulator des Verhältnisses zwischen Kirche und Staat auf eherechtlichem Gebiete sich gestaltete. In Österreich war das Dispensrecht in der vorjosefinischen Periode, wie das Eherecht überhaupt, ein **kirchliches**, und nur seine Ausübung war durch staatliche Normen geregelt. Das durch Kaiser Josef II. proklamierte Princip der Selbständigkeit des staatlichen Ehegesetzgebungsrechtes schloß auch den Grundsatz der **Unabhängigkeit des staatlichen Dispensrechtes** in sich, welches denn auch in zahlreichen Normen zur Geltung gelangte. Der Mangel einer von der Kirche unabhängigen Eheschließungsform drängte jedoch den Staat, in dem Bestreben, Konflikte mit der Kirche zu vermeiden, schon im Jahre 1790 im wesentlichen zur Rückkehr zu den früheren Verhältnissen, sodaß das staatliche Dispensrecht nur zum leeren Schein wurde. Die Redaktoren des B.G.B. haben die **Unabhängigkeit des staatlichen Dispensrechtes** scharf betont und in § 83 zum Ausdruck gebracht, zugleich aber in der Fassung dieser Norm eine einverständliche Handhabung desselben mit der Kirche ermöglicht. § 83 ist übrigens, wie die Protokolle beweisen, nicht bloß von einem Einvernehmen mit der kirchlichen, sondern auch mit einer staatlichen, namentlich der Vormundschaftsbehörde zu verstehen. Nachdem gar bald, insbesondere aber unter der Herrschaft des Ehegesetzes von 1856, das Dispensrecht praktisch an die Kirche übergegangen war, ermöglichte das Gesetz vom 25. Mai 1868 durch Einführung einer civilen Eheschließungsform die **vollkommen selbständige Handhabung des staatlichen Dispensrechtes.** § 83 a. E. hat jedoch hiedurch seine praktische Bedeutung nicht eingebüßt.

2. **Dispensabilität der Hindernisse.** Das a. b. G.B. unterscheidet zwar, wie es die Redaktoren thaten, zwischen dispensablen und indispensablen („auflöslichen" und „unauflöslichen") Hindernissen, ohne jedoch, vom Aufgebote abgesehen, die Frage zu beantworten, welche Hindernisse jeder dieser Gruppen angehören. Man hielt eine solche Norm für überflüssig, weil sich die Einreihung ohnedies „aus der Natur der Sache, der Vernunft und Religion" ergebe. Letztere kann heutzutage wegen der vollen Selbständigkeit des staatlichen Dispensrechtes nur mehr für die Praxis in Betracht kommen. Aus allgemeinen Grundsätzen ergiebt sich für die Zeit nach der Eheschließung (nicht auch in contrahendis) die Indispensabilität der meisten Hindernisse, sodaß (in contractis) thatsächlich nur „einige" Hindernisse (vgl. westgaliz. B.G.B. I. § 87) dispensabel sind. a) Aus dem Wesen der Ehe folgt die Unerläßlichkeit eines wirklich vorhandenen freien Ehekonsenses. Daher sind indispensabel folgende Nichtigkeitsgründe: Willensunfähigkeit, Irrtum, Zwang, Entführung, Widerruf der Vollmacht vor der Konsenserklärung des hiezu Bevollmächtigten. b) Nach erfolgter Eheschließung ist Dispensation von allen Privathindernissen teils überflüssig, teils unzulässig. Denn der Bestreitungsberechtigte bedarf ja des Dispens nicht, um der Ehe ihren Bestand zu sichern; Dispensation aber gegen seinen Willen wäre unstatthafte Verletzung seines Bestreitungsrechtes. c) Indispensabel ist das Hindernis des Ehebandes und der Verwandtschaft in der geraden Linie, weil die Ehe in diesen Fällen den Thatbestand einer strafbaren Handlung darstellen würde (St.G. §§ 206, 207, 131). Besonderen Vorschriften gemäß kann die Ehe zwischen Stiefeltern und Stiefkindern nicht einmal dispensweise zugelassen werden.

3. **Kompetenz und Verfahren.** Kompetent zur Dispenserteilung ist die politische Landesbehörde, bei Militärpersonen das Corpskommando des Wohnsitzes (Aufenthaltsortes) des Dispenswerbers, in zweiter und letzter Instanz das Ministerium des Innern

bezw. das Kriegsministerium. Die Dispensation darf nur bei Vorhandensein „wichtiger Gründe" erfolgen. Vor der Eheschließung ist das Dispensationsgesuch von den Parteien „selbst unter eigenem Namen" bei der Bezirkshauptmannschaft einzureichen. Bei allgemein als verehelicht geltenden Personen kann es vom Seelsorger direkt beim Landespräsidium eingebracht werden, dem größte Verschwiegenheit obliegt. Nach der Eheschließung ist es den Scheingatten ausnahmsweise gestattet, mit Verschweigung ihres Namens durch einen Geistlichen um Dispens anzusuchen, falls „ein vorher unbekanntes, d. i. noch nicht notorisches Hindernis sich äußern sollte" (§ 84 u. Hfkzlb. v. 11. September 1820, n. öst. Prov.Ges.Slg. S. 556).

Zur Dispensation vom Aufgebote sind stets die politischen Behörden erster Instanz des gegenwärtigen Wohnsitzes (Aufenthaltsortes) der Brautleute kompetent (Ges. v. 4. Juli 1872 R.G.B. 111). Wird nur um Erlassung der zweiten und dritten Verkündigung oder um Abkürzung des Civilaufgebotstermines angesucht: so ist dem von den Parteien mit Angabe ihres Namens einzubringenden schriftlichen Ansuchen bei Vorhandensein „wichtiger Ursachen" zu willfahren. Dem Petite um gänzliche Erlassung des A. ist dagegen nur dann stattzugeben: wenn die Parteien eidlich bestätigen, „daß ihnen kein ihrer Ehe entgegenstehendes Hindernis bekannt sei" und entweder „dringende Umstände", namentlich eine bestätigte nahe Todesgefahr, vorliegen, oder Personen sich verehelichen wollen, die allgemein fälschlich als (gültig) verehelicht gelten. Im letzteren Falle ist ein die Geheimhaltung der Nichtigkeit bezweckendes Verfahren vorgeschrieben (Hfkzlb. v. 11. September 1820 l. c.). Die Unterlassung des Eides macht die Dispens nicht unwirksam, zieht aber die Bestrafung der Seelsorger oder Behörden nach sich, welche trotz dieses aus der Dispens ersichtlichen Mangels zur Trauung schreiten (Hfd. v. 23. September 1817 J.G.S. 1372).

C) Wirkung des Hinwegfalls von Nichtigkeitsgründen.

Hinwegfall eines Nichtigkeitsgrundes vor der Eheschließung begründet die Möglichkeit gültiger Eheschließung. Wegfall nach der Eheschließung ermöglicht Konvalidation (Konvaleszenz) i. w. S., nämlich das durch solenne Konsenserneuerung bewirkte Übergehen der Scheinehe in eine gültige Ehe. Ex tunc wirkt die Konvalidation (Konvalidation i. e. S.) nur in dem einen Ausnahmsfalle (§ 88), wenn nach Eingehung einer absolut nichtigen Ehe das Hindernis durch Nachsicht (Dispens) gehoben wurde und die Eheschließung, wenngleich mit der in § 88 zugestandenen Erleichterung, wiederholt wird. Die nun entstandene Ehe wird dann so behandelt, als wäre sie bereits durch die erste Eheschließung begründet worden (vgl. hiemit dtsch. B.G.B. §§ 1324, 1325, 1328). Keine Konvalidation, sondern nur den Wegfall einer zur Perfektion der Nullität erforderlichen Thatsache, bedeutet bei relativ nichtiger Ehe der Wegfall des Bestreitungsrechts, welcher übrigens auch in der Gestalt der Konsenserneuerung auftreten kann (vgl. Hfd. v. 22. September 1821 J.G.S. 1802).

2. Abschnitt. Eheverbote.

Rittner, Eher., §§ 39, 40. — Anders, Familenr., § 17 u. d. Litt. das. — Krainz-Pfaff, § 426 u. d. das. Anm. 12 und 14a cit. Litt.; § 431. — Stubenrauch, Einleitung z. I. T., 2. Hptst. z. III B; ad §§ 47, 51, 54, 62, 78, 79, 120, 121, 124, 129, 130. — v. Mahl-Schedl im öst. Staatswörterb. I. S. 316 ff. — Ofner, Prot. I. S. 71—74.

Sie scheiden sich in zwei Gruppen (vgl. dtsch. B.G.B. insbes. §§ 1309—1311, 1313—1316 in Verbdg. m. §§ 1323 ff.):

1. Gruppe. Viele Eheverbote erscheinen als wahre Beschränkungen der Fähigkeit zu erlaubter Eheschließung.

A) Manchen Personen ist infolge ihrer dienstlichen Stellung oder gewisser staatsbürgerlicher Pflichten die Eingehung einer Ehe überhaupt oder doch ohne besondere Bewilligung verboten. Solche Personen sind:

1. a) **Wehrpflichtige.** Ohne Bewilligung des Ministers für Landesverteidigung oder der hiezu belegierten Behörde ist die Verehelichung vor dem Eintritte in das stellungs=

pflichtige Alter und vor dem Austritte aus der dritten Altersklasse, die in letzterer nicht Assentierten und die bei der Stellung Gelöschten ausgenommen, bei Strafe verboten (Wehrges. v. 11. April 1889, R.G.B. 41); b) **Militärpersonen**, nämlich dem Verbande des Heeres und der Landwehr angehörende Personen, und zwar nicht nur die aktiven Militärpersonen im gesetzlichen Sinne (2. Aufl. d. Dienstregl. v. 1873), sondern auch die in der Gesetzgebung taxativ aufgezählten nicht aktiven, bedürfen bei sonstiger Bestrafung zur Verehelichung der militärbehördlichen Bewilligung (Wehrges. v. 1889). Analoge Normen gelten für Angehörige der Kriegsmarine. (Vgl. Manz-Schey ad § 54.) Früher waren eigenmächtig geschlossene Ehen von Personen des Militärstandes ungültig (§ 54 u. Heiratsnormale v. 10. Juni 1812). — Auch Angehörige der Gendarmerie können ohne gesetzliche Bewilligung keine erlaubte Ehe schließen (Ges. v. 25. Dezember 1894 R.G.B. 1).

2. **Öffentliche Beamte und Diener** bedürfen, gewisse Kategorien ausgenommen, keiner Ehebewilligung. Manche solche Bediensteten sind infolge ihrer amtlichen Stellung zu erlaubter Eheschließung ganz unfähig. (Vgl. Manz-Schey ad § 47.)

B) In früherer Zeit bestand für Angehörige der ärmeren Volksklassen die Notwendigkeit der Heiratsbewilligung der politischen Behörde oder Gemeinde, sog. **politischer Ehekonsens** (Ehemeldezettel). Anknüpfend an dieses ältere Recht traten die Redaktoren energisch für dessen Beibehaltung und zuerst sogar für die teilweise Aufnahme in das G.B. ein. Man berief sich auf naturrechtliche Grundsätze, auf das öffentliche wie Privatinteresse. Insbesondere wollte man die öffentlichen Anstalten vor Belastung schützen, die Entstehung einer geistig und körperlich verwahrlosten Bevölkerung verhüten; endlich erblickte man in jener Beschränkung einen mächtigen Antrieb zu Arbeit und Fleiß und daher ein Mittel zur Volkssittlichkeit. Längst hat die Erfahrung unwiderleglich gelehrt, daß der politische Ehekonsens weit mehr schadet als nützt. Daher ist derselbe, wo er bestand, ausgenommen in Tirol, Vorarlberg und Krain, teils durch die Landesgesetzgebung des J. 1868, teils im administrativen Wege, aufgehoben worden. (Vgl. Manz-Schey ad § 47.) Die in neuester Zeit häufig auftretenden Versuche der Wiedereinführung des politischen Ehekonsenses sind erfreulicherweise erfolglos geblieben. Wo derselbe noch besteht, gilt er auch für Judenehen. § 124 gilt dagegen nicht mehr (Kais. Vdg. v. 29. November 1859 R.G.B. 217).

C) Im Einklange mit dem röm. R. bestimmt das moderne und so auch das öst. R. (§§ 120, 121), daß im Falle der Auflösung der Ehe durch Tod, Trennung oder der Ehenichtigkeitserklärung die Frau vor Ablauf der sog. **Wartezeit** zu keiner neuen Ehe schreiten dürfe, damit Zweifel über die Vaterschaft zu einem in der neuen Ehe geborenen Kinde vermieden werden. (Im wesentlichen ebenso dtsch. B.G.B. § 1313.) Rücksichten der „öffentlichen Anständigkeit" kamen für die Redaktoren nur nebenbei in Betracht. Darum entfällt die Wartezeit, wenn die Frau erwiesenermaßen nicht schwanger ist (so auch dtsch. B.G.B. § 1313). Im Falle der Schwangerschaft ist die Entbindung abzuwarten. Ist erstere zweifelhaft, so gilt eine sechsmonatliche Wartezeit, welche jedoch, wenn eine Schwangerschaft nicht wahrscheinlich ist, durch Dispens der politischen Bezirksbehörde auf drei Monate abgekürzt werden darf (Ges. v. 4. Juli 1872 R.G.B. 111). Schuldbare Übertretung des § 120 zieht Bestrafung und für den schuldtragenden Mann den Verlust des ihm nach § 58 zustehenden Bestreitungsrechtes nach sich.

2. Gruppe. Die hierher gehörenden Eheverbote, deren Nichtachtung Bestrafung zur Folge haben kann, sind dem Zwecke der Verhütung rechtswidriger Eheschließungen dienende **Präventivmaßregeln**, welche das **Trauungsorgan** verpflichten, seine Mitwirkung bei der Eheschließung zu versagen, so lange nicht die Rechtmäßigkeit feststeht. Letztere ist von den Parteien nachzuweisen, sobald der Seelsorger oder die Behörde gegründete Bedenken bezüglich der Zulässigkeit der Ehe hegt (§ 78). In folgenden Fällen wird ein die Rechtmäßigkeit betreffender Nachweis auch ohne solche Bedenken gefordert:

a) Personen, deren **Volljährigkeit** nicht offenbar ist, haben den vorgeschriebenen Nachweis derselben zu erbringen, wenn nicht von letzterem gesetzesgemäß dispensiert wird. (Vgl. die speciellen Vorschriften in Manz-Schey ad § 78); b) die zur Eheschließung etwa erforderliche Bewilligung Dritter ist gleichfalls nachzuweisen (§ 78); c) ebenso nötigenfalls

die Vornahme des Aufgebotes durch ein amtliches Zeugnis (in der Regel Verkündigungs=
schein) oder die Dispens vom A. durch die Dispensationsurkunde; d) bei Eheabschluß durch
einen Bevollmächtigten ist die gesetzesgemäße Vollmacht vorzuweisen und die behördliche
Bewilligung darzuthun; e) vor nachgewiesenen genügenden Religionskenntnissen der Braut=
leute ist das Aufgebot unstatthaft (Hfkzb. v. 16. Januar 1807, pol. G.S. Bd. 28); f) die
Notwendigkeit weiterer Nachweise ergiebt sich im Falle der Wiederverehelichung mit
einem anderen als dem früheren Gatten (vgl. § 62 2. S. u. § 120). Im Falle der
Verschollenheit des einen Gatten ist die Erlaubtheit, nicht auch die Gültigkeit der
Wiederverehelichung des Anderen (anders dtsch. B.G.B. § 1348), an die rechtskräftige, den
Ausspruch, daß die Ehe gelöst sei, enthaltende gerichtliche Todeserklärung gebunden (§§ 24,
112, 278, Gef. v. 16. Februar 1883 R.G.B. 20); g) weil die Eheschließungsfähigkeit
von Ausländern, die sich in Österreich verehelichen wollen, nach § 34 zu beurteilen ist,
haben dieselben (in der Regel), bevor der Seelsorger oder die Civilbehörde bei der Ehe=
schießung sich beteiligen, jene Fähigkeit vorschriftsgemäß nachzuweisen. Auch haben sie zu
zur Eheschließung in Österreich etwa noch erforderliche specielle staatliche Bewilligung bei=
zubringen. Österreicher, die sich im Auslande verehelichen wollen, bedürfen hiezu (in der
Regel) keiner besonderen staatlichen Bewilligung und haben den vom fremden Staate ge=
forderten Fähigkeitsnachweis durch ein Amtszeugnis der politischen Behörde erster Instanz
zu erbringen. (Vgl. die einschlägigen speciellen Vorschriften in Manz-Schey ad § 47 u. § 78.)

II. Teil. Rechtswirkungen der Ehe.

§ 21. I. Normale Wirkungen.

Rittner, Eher., §§ 41—43. — Anders, Familienr., §§ 18, 19 A. u. d. Litt. daf. — Krainz=
Pfaff, II. § 434, I. § 27 u. d. Litt. daf. — Stubenrauch, ad § 44 Z. 3, §§ 89—92. — Ofner,
Prot. I. S. 71—74.

A) Persönliche Beziehungen zwischen den Ehegatten.

1. Gegenseitiger Anspruch auf ausschließliche Geschlechtsgemeinschaft. Dieser
erscheint positiv als (klagbare) Verbindlichkeit zur Leistung der ehelichen Pflicht (debitum
conjugale), d. i. zur Vollziehung des Beischlafes. Selbst erzwungene oder erlistete Be=
friedigung des Geschlechtstriebes unter Gatten ist somit rechtmäßig. Negativ stellt sich jener
Anspruch dar als rechtliche Verpflichtung zur Unterlassung des geschlechtlichen Verkehres mit
Dritten, d. i. zur ehelichen „Treue". Deren Verletzung kann strafbar sein (vgl. b. allg. Str.Gef.)
und wenn sie als Ehebruch auftritt, civilrechtliche Folgen haben (§§ 67, 119, 109, 115,
135, 543).

2. Die nicht bloß moralische Verbindlichkeit zu „gegenseitigem Beistand" und „an=
ständiger Begegnung". Verletzung dieser Rechtspflichten kann als Scheidungs= oder Trennungs=
grund in Betracht kommen und unter das allgemeine Strafgesetz fallen.

3. Der Anspruch auf Wohnungs= und Haushaltungsgemeinschaft („unzertrennliche
Lebensgemeinschaft") (§ 44, ebenso dtsch. B.G.B. § 1353), deren unbegründete Aufhebung zur
Klage auf Wiederherstellung berechtigt und als Scheidungs= oder Trennungsgrund in Be=
tracht kommen kann.

4. Die ehemännliche Gewalt. Natur, Sitte und Recht legen den Schutz der
Familie vornehmlich in die Hände des Mannes. Dieses Übergewicht des Mannes nach
der Seite der Pflicht hat auch ein Übergewicht desselben nach der Seite des Rechts zur
Folge. Der rechtliche Ausdruck dieses Verhältnisses, soweit es die Ehe betrifft, ist die ehe=
männliche Gewalt. In solchem Sinne erklärt § 91: „der Mann ist das Haupt der
Familie". Die alle wesentlichen Merkmale der Familiengewalt an sich tragende ehemänn=
liche Gewalt, eine abgeschwächte manus des röm. R., hat ihre historische Grundlage im
deutschrechtlichen Institute der ehelichen Vormundschaft. Das durch die ehemännliche Gewalt
bewirkte Abhängigkeits=, zugleich aber auch Schutz= und Vertretungsverhältnis äußert sich
in persönlicher Beziehung insbesondere in folgender Weise: a) infolge des Übergewichtes

des ehemännlichen Willens giebt letzterer, wenn er begründet und nicht gesetzwidrig ist, in gemeinsamen Angelegenheiten den Ausschlag (ebenso dtsch. B.G.B. § 1354). Dieses Übergewicht tritt hervor im „vorzüglichen" Rechte des Mannes zur einheitlichen Leitung des Hauswesens, sodann im Rechte zur Bestimmung des gemeinsamen Wohnsitzes (ebenso dtsch. B.G.B. §§ 10, 1354). Diesem Rechte entspricht die im Wege des Civilprozesses erzwingbare Verpflichtung der Frau zur sog. ehelichen Folge. Von dieser ist die Frau entbunden im Falle gesetzwidriger Wahl des Wohnsitzes (z. B. unbefugter Auswanderung), möglicherweise auch im Falle persönlicher Gefährdung, natürlich auch bei mangelndem Rechte zur ehelichen Folge (z. B. bei einer über den Mann verhängten Freiheitsstrafe, bei Militärmannschaftsehen zweiter Klasse); b) das in der ehemännlichen Gewalt enthaltene Schutzmoment tritt namentlich hervor in der Verpflichtung des Mannes zur gerichtlichen wie außergerichtlichen Vertretung der Gattin („in allen Vorfällen").

B) Die persönliche Vereinigung der Gatten in ihrer Richtung nach außen (§ 92).

Der rechtliche Charakter dieser Vereinigung, sowie das rechtliche Übergewicht des Mannes über die Frau, tritt nach außen hin hervor in einer Reihe von öffentlichrechtlichen Wirkungen. Das a. b. G.B. normiert nur die Gemeinsamkeit des Familiennamens und Standes (Adels, Wappens u. dgl.). In dieser Beziehung, wie in der Staatsbürgerschaft, Heimatberechtigung und in der Regel auch im persönlichen Gerichtsstand, folgt die Frau dem Manne (vgl. auch dtsch. B.G.B. § 1355). Die Namens- und Standesänderung, welche zum Vor- wie zum Nachteil der Frau platzgreift, dauert auch nach Auflösung der Ehe fort. Keinen Anteil hat die Frau an den höchstpersönlichen Standesrechten des Mannes. (Andere Wirkungen der Ehe publizistischen Charakters sind hier nicht zu erwähnen.)

§ 22. II. Beschränkungen der normalen Wirkungen.

A) Durch Vertrag.

(Vgl. die zu § 21 cit. Litt.)

Grundsätzlich ist eine solche Modifikation ausgeschlossen, weil die erörterten Wirkungen, selbst wo sie privatrechtliche sind, auf absoluten (zwingenden) Normen beruhen (ebenso dtsch. B.G.B.). Somit kennt das allgemeine öst. Eherecht morganatische oder Ehen zur linken Hand ebensowenig wie den Unterschied zwischen standesmäßigen und nichtstandesmäßigen Ehen (Mißheiraten). Der bezeichnete Grundsatz ist namentlich wichtig für den Anspruch auf ausschließliche Geschlechtsgemeinschaft, die Verpflichtung zur Wohnungsgemeinschaft und die ehemännliche Gewalt mit ihren Wirkungen.

B) Durch Scheidung von Tisch und Bett (Separatio quoad thorum et mensam) (§§ 93, 103—110, 132).

(Hfd. v. 23. Aug. 1819, J.G.S. 1595, Ges. v. 31. Dez. 1868, R.G.B. 3 ex 1869, u. v. 9. April 1870, R.G.B. 51; Civ.Pr.Odg. v. 1. Aug. 1895, Einf.Ges. Art. I.)

Rittner, Eher., § 44. — Anders, Familienr., § 19 B. u. d. Litt. das. — Krainz-Pfaff, § 432 u. d. Litt. das. — Stubenrauch, ad §§ 93, 103—110, 132. — Ofner, Prot. I. S. 115, 127, 128, 133, 134, 138, 139; II. S. 345—347, 508.

Sie ist die gerichtlich bewilligte Aufhebung der ehelichen Gemeinschaft ohne Lösung des Rechtsbandes der Ehe. (Vgl. d. dtsche. B.G.B., welches nur von „Aufhebung der ehelichen Gemeinschaft" spricht [§ 1575], die „Trennung" im S. d. öst. R. aber „Scheidung" nennt [§§ 1564 ff.].) Das Institut der Scheidung schließt eine aus ethischen wie rechtlichen Gründen gebotene Wahrung und zugleich Abschwächung des Principes der Untrennbarkeit der Ehe in sich und hat daher, obgleich es für alle Konfessionen gleich gestaltet ist, für die Ehen der Katholiken die größte praktische Bedeutung.

2*

Nur die **gerichtlich bewilligte Scheidung** ist Scheidung im Sinne des Gesetzes, d. h. die ohne gerichtliche Bewilligung vorgenommene Aufhebung der ehelichen Gemeinschaft hat grundsätzlich nur faktische Bedeutung, und von Amtswegen darf der richterliche Scheidungsspruch niemals erfolgen. Es bedarf des Ansuchens beider Gatten (einverständliche, freiwillige Sch.) oder doch wenigstens des eines Teiles (uneinverständliche, erzwungene Sch.) — Das Scheidungsbegehren, sowie die Wiedervereinigung willensfähiger, wenngleich nicht eigenberechtigter Gatten bedarf der Genehmigung der gesetzlichen Vertretung nicht.

A) Einverständliche Scheidung.

Einem einverständlichen Scheidungsbegehren muß der Richter stattgeben, u. zw. aus schonender Rücksicht für die Gatten, ohne deren Beweggründe zu erforschen. Doch ist die Scheidungsbewilligung, um unüberlegte Scheidungen zu vermeiden und die gesetzesgemäße Ordnung der Rechtsverhältnisse der Gatten wie der Kinder sicherzustellen, an die zwei Voraussetzungen gebunden:

1. müssen drei Versöhnungsversuche des Seelsorgers eines Gatten oder des zuständigen Gerichtes vorhergegangen sein;
2. müssen die Ehegatten erklärt haben, daß sie über die Bedingungen in Absicht auf Vermögen und Unterhalt sich geeinigt haben, und es muß vom Gerichte von Amtswegen festgestellt worden sein, daß für die Kinder die gesetzliche Fürsorge vorhanden sei.

B) Uneinverständliche Scheidung.

Seit dem Hfd. v. 13. Oktober 1786, J.G.S. 585 und dem westgaliz. G.B. ist auch dem einseitigen, durch Klage angebrachten Scheidungsbegehren stattzugeben, wenn dasselbe auf „rechtmäßige Gründe", sog. Scheidungsgründe, gestützt werden kann und die vom Seelsorger oder vom kompetenten Gerichte vorzunehmenden Versöhnungsversuche vergeblich angestrebt oder erfolglos vorgenommen worden sind. (Vgl. § 2 der Vdg. des J.M. vom 9. Dezember 1897 R.G.B. 283.) Die im G.B., jedoch nicht taxativ, aufgezählten Scheidungsgründe (vgl. dtsch. B.G.B. § 1575) sind: a) Ehebruch i. techn. S., gerichtliche Schuldigerklärung vorausgesetzt; b) nicht rückgängig gemachte, doch nicht notwendig vollzogene, strafgerichtliche Verurteilung wegen eines Verbrechens; c) „boshafte Verlassung", d. i. die absichtliche und widerrechtliche Aufhebung der ehelichen Gemeinschaft durch den einen Gatten; d) qualifizierter (vgl. § 109) „unordentlicher Lebenswandel"; e) dem Leben oder der Gesundheit gefährliche Nachstellungen (Insidien); f) schwere Mißhandlungen (Sävitien), also Realinjurien; g) „sehr empfindliche, wiederholte Kränkungen"; h) anhaltende und zugleich ansteckende, wenngleich unverschuldete „Leibesgebrechen" (auch Krankheiten i. e. S.).

Das Recht, die Scheidung wegen eines vorhandenen Scheidungsgrundes zu begehren, wird durch ausdrücklichen oder stillschweigenden Verzicht aufgehoben und steht dem Gatten nicht zu, der den auf der anderen Seite entstandenen Scheidungsgrund verschuldet hat. Liegt beiderseits ein Scheidungsgrund vor, so kann jeder Teil die Scheidung begehren (vgl. insbes. § 1264 u. Eheproz.Ges. § 12). Über das Verhältnis des Civil- zum Strafgericht, wenn der Scheidungsgrund den Thatbestand einer strafbaren Handlung darstellt, vgl. Civ.Pr.Odg. v. 1895 §§ 191, 268, 530, 539 und Hfd. v. 6. März 1821 J.G.S. 1743.

C) Wirkung und Dauer der Scheidung.

Die Wirkung der Sch. (vgl. dtsch. B.G.B. §§ 1586, 1587) besteht in der Aufhebung der Verpflichtung zum ehelichen Zusammenleben und aller, aber auch nur jener Rechtsfolgen, welche sich auf die eheliche Gemeinschaft gründen (insbes. also der ehemännlichen Gewalt, nicht auch der Verpflichtung zur ehelichen Treue).

Nach öst. R. ist die Sch., weil auf die Dauer der Ehe gedacht, grundsätzlich auf unbestimmte Zeit auszusprechen. Die jederzeit statthafte Wiedervereinigung geschiedener Gatten hat nur dann keine bloß faktische Bedeutung, vielmehr volle Rechtswirkung, wenn sie von beiden Gatten dem Gerichte angezeigt wird, welches die Scheidung aussprach.

§ 23. III. Teil. Auflösung der Ehe (Trennung).

(§§ 111—119, 133—136, Ges. v. 5. Mai 1868 u. v. 9. April 1870, auch Civ.Pr.Odg. v. 1895, Einf.Ges. Art. I u. V.O. des Just.M. vom. 9. Dez. 1897 R.G.B. 283, §§ 8 ff.)

Rittner, Eher., §§ 45, 46. — Anders, Familienr., § 20 u. d. Litt. das. — Krainz-Pfaff, § 431 u. d. Litt. das., auch über die sog. Siebenbürgischen Ehen in § 426 Anm. 2b. — Stubenrauch, ad §§ 111—119, 113—136. — Fuchs, Die sog. Siebenbürg. Ehen (1889) u. d. Litt. das. — Dr. H., i. d. Ger.-Halle, 1895, Nr. 38. — Dr. -r., i. d. Ger.-Halle, 1895, Nr. 50. — Geller in seinem Centralbl., Bd. 14 (1896) S. 1025 ff. — Ofner, I. S. 124—132, 134, 138, 139; II. S. 337 Anm., 347, 348, 350, 351, 509, 510.

1. Trennbarkeit der Ehe.

Ehetrennung im S. d. öst. R. („Scheidung" i. S. d. dtsch. B.G.B.) ist die gänzliche Auflösung einer gültigen Ehe. Ihre Lösung durch den Tod folgt notwendig aus ihrem höchstpersönlichen Charakter. Die wichtige und schwierige, von den Redaktoren besonders eingehend erörterte, legislatorische Frage, ob Ehetrennung auch bei Lebzeiten der Gatten zulässig sei, hat das öst. R. nicht so sehr, wie es grundsätzlich das deutsche B.G.B. (§§ 1564 ff.) thut, vom Standpunkte allgemeiner Erwägungen, als vielmehr religiöser Dogmen und Anschauungen beantwortet. Seit dem Pat. v. 1783 hat das öst. R., zumal man die strenge Wahrung des konservativen Standpunktes hier als besonders dringend geboten erachtete, an dem System des konfessionell verschiedenen Ehetrennungsrechtes festgehalten. Hieraus, insbesondere aus der von den Redaktoren verwerteten Auffassung, daß nur die katholische Ehe Sakrament und Vertrag, jene der anderen Religionsgenossen aber bloß bürgerlicher Vertrag sei, folgte notwendig der Grundsatz: Ehen der Katholiken kann, u. zw. ausnahmslos (anders kanon. R.), nur der Tod lösen (§ 111); Ehen der akatholischen Christen (zu welchen schon nach ausdrücklicher Erklärung der Redaktoren u. Hfkzd. v. 20. November 1820 Gal.Prov.G.S. 325 auch die nicht unierten Griechen zu zählen sind), sowie der Juden, können dagegen auch bei Lebzeiten der Gatten getrennt werden (§§ 115, 133—136). Das Gleiche gilt von Personen, die keiner staatlich anerkannten Religionsgenossenschaft angehören (Ges. v. 9. April 1870). Das deutsche B.G.B. hat mit Recht den allgemeinen Grundsatz der Trennbarkeit der Ehe aufgenommen (vgl. §§ 1564 ff.). Für Mischehen, wie für den Fall der Religionsänderung nach geschlossener Ehe, kommt nach öst. R. hinsichtlich der Trennbarkeit nur das Religionsbekenntnis zur Zeit der Eheschließung und der angesuchten Ehetrennung, nicht auch jenes der Zwischenzeit, in Betracht.

I. Ist zur Zeit der Eheschließung auch nur ein Teil Katholik, so ist die Ehe untrennbar.

II. Beide Teile sind zu dieser Zeit Akatholiken; dann entscheidet der Zeitpunkt des Trennungsansuchens, u. zw.:

1. beide Teile sind zu dieser Zeit Katholiken, dann ist die Ehe untrennbar;

2. sind beide Teile Akatholiken, so ist die Ehe trennbar und zwar: a) wenn beide Teile das gleiche Religionsbekenntnis haben: so entscheidet dieses letztere selbst dann, wenn die Ehe als Mischehe geschlossen wurde (M. Vdg. v. 8. August 1853 R.G.B. 160); b) die Ehe war eine ungemischte, ist aber zur Zeit der Ehetrennung eine gemischte: dann ist für die Trennungsfrage der Zeitpunkt der Eheschließung entscheidend (arg. § 136); c) die Ehe wurde von einem Juden mit einem anderen Nichtchristen (Konfessionslosen) geschlossen und blieb eine solche Mischehe: dann gelten die Grundsätze des jüdischen oder des gemeinen (öst.) Ehetrennungsrechts (§ 115), je nachdem die Ehe als Judenehe oder vor der Staatsbehörde geschlossen wurde.

3. bloß ein Teil ist zur Zeit der Ehetrennung Akatholik; dann ist die Ehe trennbar, und zwar: a) wurde die Ehe von (akatholischen) Nichtjuden geschlossen: so kann die Trennung, weil das Trennungsrecht des einen Teils durch den Übertritt des anderen zum Katholizismus nicht berührt wird, vom Akatholiken und nur von diesem begehrt werden (§ 116).

Doch ist die Trennung keine vollwirksame (vgl. § 7); b) wurde die Ehe von Juden geschlossen und es wird ein Teil katholisch, so kann die Ehe nach den für Judenehen geltenden Normen getrennt werden, und die Trennung ist für beide Teile vollwirksam (§ 136, Hfd. vom 28. Juni 1806 J.G.S. 771 und Hfkzld. vom 4. Februar 1837 J.G.S. 168).

2. Trennungsgründe.

Diese sind Thatsachen, an welche das Gesetz die Befugnis knüpft, die Trennung zu begehren. Bewirkt wird die letztere durch das somit konstitutive, richterliche Trennungs=urteil, welches niemals von Amtswegen zu erfolgen hat (ebenso dtsch. B.G.B. § 1364 ff.). Nur bei Judenehen ist dasselbe bloß deklarativ. Denn das die Ehetrennung bewirkende Faktum ist hier stets (wie nach mosaischem Recht) die Übergabe und Übernahme eines vom Manne der Frau übergebenen Scheidebriefes, d. i. eine Urkunde, in welcher der Mann die Ehe als gelöst erklärt. (Übergabe und Übernahme durch Bevollmächtigte: vgl. die Hfd. v. 11. Juni 1813 J.G.S. 1053 und v. 19. Mai 1827 J.G.S. 2277.) (Über das Trennungsverfahren vgl. das Civilprozeßrecht.) Die Trennung ist entweder eine einverständ=liche (vertragsmäßige) oder eine uneinverständliche (erzwungene). (Nicht zu billigen ist die vollständige Ausschließung der ersteren im dtsch. B.G.B. [vgl. § 1564 ff.], welches stets eine [Trennungs=] Klage fordert und bei Normierung der Trennungsgründe am Verschuldungs=princip festhält, vgl. jedoch § 1569.)

A) Einverständliche Trennung.

Nichtjüdische Akatholiken können „ihrer unüberwindlichen", nicht notwendig gegenseitigen „Abneigung" wegen gemeinsam die Trennung begehren. Letztere darf der Richter nur dann aussprechen, wenn Thatsachen bewiesen werden, aus welchen sich die unüberwindliche Abneigung mit Sicherheit ergiebt und die bei vorhandener Aussicht auf Versöhnung selbst zu wiederholten Malen bewilligte Scheidung von Tisch und Bett erfolglos bleibt. Es scheint nach den Red.=Protokollen, daß diese als besonderes Prozeßstadium sich darstellende, die Versöhnungsversuche bei Judenehen vertretende Scheidung unter allen Umständen statt=finden muß; die ratio des § 115 zwingt jedoch zu dieser Auslegung nicht. Auch bei Juden wird einverständliche Trennung, und zwar hier durch freiwillige Übergabe und Über=nahme des Scheidebriefes vor Gericht, gestattet. Unüberwindliche Abneigung braucht nicht bewiesen zu werden, wohl aber die Unerschütterlichkeit des Trennungswillens. Als legaler Beweis derselben gilt vor allem die Erfolglosigkeit der vom Rabbiner (Religionslehrer) vor=zunehmenden Versöhnungsversuche und die Erneuerung des Trennungsbegehrens trotz der bei vorhandener Aussicht auf Versöhnung vom Gerichte zu verfügenden Zurückweisung der Gatten auf 1 oder 2 Monate.

B) Uneinverständliche Trennung.

1. Für alle Akatholiken mit Ausschluß der Juden gelten folgende (in § 115) taxativ (ebenso dtsch. B.G.B. §§ 1565—1569) aufgezählten, mit den Scheidungsgründen großenteils (im dtsch. B.G.B. § 1575 durchaus) übereinstimmenden Trennungsgründe: a) Ehebruch i. techn. S. (wie bei Scheidung); b) Verurteilung wegen eines Verbrechens zur Todes= oder zu wenigstens 5jähriger Kerkerstrafe; c) boshafte Verlassung (wie bei Scheidung), bei unbekanntem Aufenthalte des Abwesenden unter der Voraussetzung einer auf ein Jahr gestellten fruchtlosen Ediktalcitation; d) wiederholte, schwere Mißhandlungen (Realinjurien).

2. Bei Judenehen wird uneinverständliche Trennung nur wegen erwiesenen Ehe=bruchs der Frau zugelassen. In diesem Falle wird der auf Trennung klagende Mann nach Durchführung des ordentlichen Verfahrens in Streitsachen durch Urteil zur Einhändigung des Scheidebriefes an die Frau, selbst gegen ihren Willen, ermächtigt.

Bezüglich der Erlöschung des Trennungsrechtes (vgl. dtsch. B.G.B. §§ 1570—1573) gilt dasselbe wie in Ansehung des Scheidungsrechtes (anders dtsch. B.G.B. § 1576).

3. Wirkung der Trennung. Wiederverehelichung.

Im Momente des rechtskräftig gewordenen Trennungsurteils tritt die gänzliche Lösung der Ehe ein, sodaß letztere juristisch zu bestehen aufhört. (Im dtsch. B.G.B. ist dieser Grundsatz rein durchgeführt.) Daher ist die Wiedervereinigung der Getrennten als neue Eheschließung zu behandeln; und die Eheschließung eines getrennten Gatten mit einem Dritten ist gültig, wenn weder das Hindernis der Teilnahme am Trennungsgrunde (§ 119), noch jenes des Katholizismus entgegensteht (vgl. §§ 6 u. 9). Namen und Stand (Wappen) des Mannes behält die Frau, wie im Falle seines Todes, so auch der Trennung bei Lebzeiten. (Anders zum Teil das dtsch. B.G.B. § 1577.)

§ 24. IV. Teil. Das Verlöbnis (sponsalia, sponsalia de futuro).

(§§ 45, 46.)

Rittner, Eher., § 47. — Anders, § 21 u. d. Litt. daf., insbesondere die Abhandlungen von Pfaff. — Krainz-Pfaff, § 424 u. d. Litt. daf. — Stubenrauch, ad §§ 45, 46. — Ofner, Prot. I. S. 69—71; II. S. 336—339.

Dieses ist der familienrechtliche Vorvertrag (pactum de contrahendo) zweier (individuell bestimmter) Personen verschiedenen Geschlechtes, durch welchen sich dieselben gegenseitig versprechen, künftig miteinander die Ehe zu schließen. Aus Wesen und Inhalt dieses an keine gesetzliche Form gebundenen Vertrages ergeben sich folgende Gültigkeitsvoraussetzungen: a) Vorhandensein der Erfordernisse eines zweiseitigen Vertrages (vgl. §§ 865, 869 ff.). Bedingungen und Zeitbestimmungen richten sich nach den für Verträge geltenden Grundsätzen. Zulässig ist der Abschluß unter Abwesenden und durch Stellvertreter; b) ist ein Ehehindernis vorhanden, infolgedessen das Verlöbnis nicht als unsittlich erscheint: so ist letzteres gültig unter der conditio juris des Hinwegfalls des Hindernisses. Bloße Eheverbote berühren die Rechtmäßigkeit des Verlöbnisses nicht.

2. In der Geschichte des Verlöbnisrechts, weniger im modernen Civilrechte, treten uns zwei für die Gestaltung der Wirkungen des Verlöbnisses maßgebende Rechtsanschauungen entgegen. Die eine, auch dem gem. kanon. Recht eigene, aber von ihm bereits wesentlich gemilderte Auffassung legt dem Vorvertrage die Wirkung der Begründung einer in verschiedener Weise hervortretenden, jedoch zumeist (z. B. nach kanon. Recht, nicht mit Erfüllungszwang ausgestatteten Rechtspflicht) zur Eheschließung bei. Die andere, schon dem röm. Recht eigene, auch ins dtsch. B.G.B. § 1297 übergegangene Anschauung dagegen betrachtet jede, was immer für einen rechtlichen Zwang in sich schließende Rechtspflicht zur Eheschließung als einen Widerspruch mit dem volle Freiheit des Willensentschlusses fordernden ethischen Charakter der Ehe. Der rechtliche Ausdruck dieser von den Redaktoren strenge festgehaltenen Auffassung ist die Norm des § 45, welche sogar eine naturalis obligatio auszuschließen, somit Rückforderung des gegebenen Angeldes, des gezahlten Reugeldes oder der bereits bezahlten Konventionalstrafe zuzulassen scheint (vgl. auch dtsch. B.G.B. § 1297). Der Rechtsbegriff der Verlöbnistreue i. S. des kanon. Rechts ist daher dem öst. Recht fremd. Aus dem Rücktritt von einem (gültigen) Verlöbnis kann aber eine eigentümlich geartete Schadensersatzpflicht entspringen. (Vgl. das dtsch. B.G.B. §§ 1298—1301, das in letzterer Beziehung mehrfach vom öst. Recht abweicht.)

3. Das Verlöbnis endigt: durch Erfüllung, d. i. Eheschließung; durch Defizienz der Suspensivbedingung, durch Eintritt der Resolutivbedingung oder des Endtermins; durch faktische oder rechtliche Unmöglichkeit der Ehe; durch gegenseitige Willenseinigung (contrario consensu); endlich durch einseitigen Rücktritt. In diesem letzteren Falle gebührt demjenigen Teile, „von dessen Seite keine gegründete Ursache zum Rücktritte entstanden ist", ohne Rücksicht auf den Grad des Verschuldens (Ausnahme von § 1324), der Anspruch auf Ersatz des durch den Rücktritt verursachten „wirklichen", d. i. — wie die Red.=Protokolle beweisen — bloß des positiven Vermögensschadens (damnum emergens) (ebenso dtsch. B.G.B. § 1298). Ob die Rücktrittsursache eine „gegründete" sei, hat der Richter nach seinem Ermessen zu ent=

scheiden (die Redaktoren dachten insbesondere an „trennende" Ehehindernisse). Auch nach= träglich erlangte Kenntnis der bereits vorher vorhandenen Rücktrittsursache kann genügen (arg. § 936). Die Schadenersatzpflicht wird dadurch nicht ausgeschlossen, daß die Rück= trittsursache durch den hievon Betroffenen nicht verschuldet wurde (arg. § 46: „entstanden ist" statt westgaliz. G.B. I. § 60: „gegeben hat"). Somit findet ausnahmsweise Haftung für den bloßen Zufall (vgl. dag. §§ 1295, 1306) und aus dem Gebrauche des Rechts (nämlich zum Rücktritte) statt (vgl. dag. § 1305).

II. Abteilung. Das eheliche Güterrecht (sog. angewandtes Eherecht).

Litt.: Scheidlein, Miscellen, 1821, Hft. 3. — Nippel, Darstellung der Rechte der Ehe= gatten in Beziehung auf ihr Vermögen, 1824. — Ogonowski, Österr. Ehegüterrecht, 1. Bd. (1880) (nicht mehr ersch.). — Anders, Familienr., §§ 22—42 u. d. i. §§ 22 u. 23 cit. Litt. — Krainz= Pfaff, II. §§ 435—447 u. d. in § 435 Anm. 1 cit. Litt. — Stubenrauch, ad §§ 89, 91, 92, 1217—1247, 1255—1258, 1260—1266. — Ofner, Prot. I. S. 72—74, 84, 119, 136—138, 139, 171, 172, 463—467, 482, 483; II. S. 26, 27, 57, 112, 133—151, 171 ff., 279—281, 342, 345, 346, 349, 350, 390, 400, 401, 424, 429—435, 453, 508, 513, 545, 548—551, 572, 573. — Deutsch. bürg. G.B.: Schröder, Das eheliche Güterrecht nach b. bürg. G.B., Berlin 1896.

§ 25. Einleitung.

Ogonowski, Ehegüterrecht, S. 6 ff., insbes. S. 62 ff. — Anders, Familienr., §§ 22, 23 u. d. § 23 cit. Litt. — Krainz=Pfaff, § 435. — Czyhlarz, Zur Geschichte des ehelichen Güter= rechts im böhm.=mähr. Landrecht (1883) u. i. d. Prager Jurist. V.J.Schr. 1893 S. 49 ff.

I. Dasselbe betrifft jene Rechtssätze, welche die vermögensrechtlichen Wirkungen der Ehe regeln; es mag sich um ipso jure eintretende Rechtsfolgen handeln (gesetzliches Ehegüterrecht) oder um Wirkungen, die auf rechtsgeschäftlichen Willensakten beruhen (ge= willkürtes Güterrecht), sodann um Wirkungen während des Bestandes der Ehe oder im Falle ihrer Auflösung. Das Ehegüterrecht umfaßt die vermögensrechtlichen Beziehungen zwischen den Gatten und zu Dritten, namentlich aber die Frage nach der Tragung der ehelichen Lasten, Ehestandslasten (onera matrimonii). Als sittliches wie als recht= liches Postulat erscheint das Princip der gemeinsamen Tragung der Ehelasten. Das geltende Ehegüterrechtssystem ist entscheidend für den Umfang und Modus der Durchführung dieses Princips.

II. Die Geschichte des öst. Ehegüterrechts scheidet sich in zwei Hauptperioden. Die erste reicht bis zur Einführung des josefinischen G.B. und bietet uns dasselbe Bild parti= kulärer Zerklüftung des Ehegüterrechts, welches uns in Deutschland bis zur Einführung des b. G.B. entgegentritt. Charakteristisch dem Ehegüterrecht dieser Periode ist das entschiedene Überwiegen deutscher Rechtsbildung. Diese hat selbst die Rezeption des röm. R. nirgends ganz zu verdrängen vermocht. Das josefinische G.B. v. 1. November 1786, mit welchem die zweite Periode beginnt, stellte die Rechtseinheit auf ehegüterrechtlichem Gebiete her. Es ist ein durch deutschrechtliche Grundsätze und Institute wesentlich modifiziertes röm. Dotalsystem, welches uns in diesem wie im westgaliz. G.B. entgegentritt, in letzterem nur vervoll= ständigt durch die Normierung der erbrechtlichen Stellung der Ehegatten. Hauptquelle des geltenden Ehe=G.R. bildet das a. b. G.B., welches — in nicht zu rechtfertigender Weise — diese Materie ex professo im Obligationenrecht (28. Hptst.), und zwar unter der Überschrift „Ehepakten", behandelt; eine Überschrift, die sich mit dem Inhalte jenes Hptst. nicht deckt (vgl. insbes. § 1248).

Die geschichtliche Entwicklung des Ehegüterrechts ist in Österreich zu einem wesentlich anderen Abschluß gelangt als in Deutschland. Das gesetzliche Güterrechtssystem des deutschen B.G.B. ist die Verwaltungsgemeinschaft (vgl. §§ 1363—1425), subsidiär das System der Gütertrennung (vgl. §§ 1426—1431, 1436, 1364), welchem auch das Vorbehaltsgut der Ehegattin unterliegt (§ 1371). Zu Instituten des innerhalb weiter Grenzen sich bewegenden vertragsmäßigen Güterrechts ausgestaltet hat das deutsche

B.G.B. die allgemeine Gütergemeinschaft (§§ 1437 ff.) und die partikuläre Gütergemeinschaft und zwar die Errungenschafts- und die Fahrnis-Gemeinschaft (§§ 1519 ff., §§ 1549 ff.). Auf die Normierung dieser Institute hat sich das deutsche B.G.B. beschränkt.

III. In principiellem Anschlusse an das frühere Recht hat das öst. a. b. G.B. ein durch deutschrechtliche Grundsätze und Institute modifiziertes Dotalsystem, System der Gütertrennung, aufgenommen. Der oberste Gedanke dieses Systems, daß die Ehe an sich die vermögensrechtliche Stellung jedes Gatten zu seinem Vermögen nicht verändert (§ 1237), daher auch das Paraphernal- oder Sondergut der Frau die Regel bildet (anders dtsch. B.G.B. §§ 1363, 1365 ff.) und der durch die Thätigkeit der Frau gemachte Erwerb ihre parapherna vermehrt, gehört dem röm. Recht an (anders dtsch. Recht). An die gesetzliche Verwaltungsgemeinschaft erinnert zwar das dem Manne an den parapherna zustehende gesetzliche Verwaltungs- und Nutzungsrecht (§§ 1238 ff.), das aber, weil es ein bloß prekäres ist, die der Frau, wie nach röm. Recht zustehende Verwaltungs- und Nutzungsbefugnis bezüglich ihrer parapherna nicht aufhebt. Dem röm. Recht ist der Grundsatz entnommen, daß gesetzlich die Ehelast auf dem ehemännlichen Vermögen allein ruht, dieses aber zu ihrer Erleichterung eine Verstärkung von seite der Frau in der Gestalt des Heiratsgutes (dos) erhalten kann (§§ 91, 1218). Die Rechtsstellung des Mannes zu letzterer während der Ehe ist aber eine andere als nach röm. Recht und nähert sich vielmehr jener Rechtsstellung, welche er nach der deutschrechtlichen Verwaltungsgemeinschaft zu dem Vermögen der Frau einnimmt (§§ 1227, 1228). Dem deutschen wie dem öst. Rechte eigentümlich sind die weiten Grenzen, innerhalb welcher die Vertragsfreiheit auf ehegüterlichem Gebiete sich bewegt; daher auch das öst. Ehegüterrecht ein vorherrschend gewillkürtes ist und zugleich eine Reihe von zumeist dem deutschen Rechte entstammenden und wie nach diesem vielfach der Versorgung des Überlebenden gewidmete Institute aufweist (Widerlage, Witwengehalt, Advitalitätsrecht, Morgengabe, Verwaltungsgemeinschaft, Gütergemeinschaft). Die gesetzlichen Erb- und Alimentationsansprüche des überlebenden Gatten an die Verlassenschaft des Verstorbenen sind weder rein römische noch rein deutsche Rechtsbildung (§§ 757—759, 796, 1243).

I. Teil. Das Ehegüterrecht während des Bestandes der Ehe.
1. Abschnitt. Gesetzliches Güterrecht.
§ 26. 1. Die Unterhaltspflicht des Mannes (§ 91).

Rittner, Eher., § 42. — Ogonowski, S. 154 ff. — Anders, Familienrecht, § 24 Z. 1. — Krainz-Pfaff, § 440 u. d. Litt. das. — Stubenrauch, ad § 91. — v. Hussarek, Die familienrechtliche Alimentation nach öst. R. [1893] (Sep.-Abdr. a. Grünhuts Ztschr., Bd. XX, S. 480 ff., S. 649 ff.). — Lößl i. d. Jurist. Bl. 1892 Nr. 39—45. — Ofner, Prot. I. S. 72, 73.

Als Träger der Ehelasten ist der Mann gesetzlich verpflichtet, seiner Gattin, ohne Rücksicht auf ihr Vermögen, den seinem Stande (socialer Stellung) und — innerhalb dieser Maximalgrenze — seinem Vermögen (Einkommen) angemessenen Unterhalt (vgl. § 672) zu leisten (ebenso dtsch. B.G.B. § 1360). Dieser im Prozeßweg verfolgbare Alimentationsanspruch der Gattin ist je nach Beschaffenheit der konkreten Sachlage auf Leistung der Alimente in natura oder auf Geldleistung (Rentenzahlung) gerichtet (eigentliche und uneigentliche Alimentationspflicht). (Vgl. hiemit dtsch. B.G.B. §§ 1360, 1361.) Im letzteren Falle gilt die Verpflichtung zur Vorausleistung (§ 1418) und (nach der herrschenden Meinung) die Verjährungsnorm des § 1480. Bestreitung der Alimentation durch die Frau selbst oder einen Dritten kann Anspruch auf Ersatz gegen den Mann gemäß § 1042 begründen. Öffentliche Rücksichten, insbesondere die Entlastung der öffentlichen Armenpflege wie überhaupt subsidiär Verpflichteter, namentlich aber der primär sittliche Charakter der Unterhaltspflicht fordern, daß die vom Manne geleistete Alimentation ihrem Zwecke nicht entzogen werde. Daher ist der Alimentationsanspruch der Frau, der eigentliche übrigens schon begrifflich, untauglich zur Exekution, Cession und Kompensation. Mit Recht nimmt die herrschende Meinung und Praxis an, daß gesetzlich die Frau dem Manne nicht einmal den ihm mangelnden notwendigen Unterhalt zu leisten verpflichtet sei. Ein gegenteiliger Antrag wurde von den Redaktoren abgelehnt. (Anders das dtsch. B.G.B. § 1360, welches eine subsidiäre gesetzliche Verpflichtung der Frau zur Leistung des anständigen Unterhaltes enthält.)

2. Vermögensrechtliche Seite der ehemännlichen Gewalt.

§ 27. a) **Das Hausleitungsrecht des Mannes** (§§ 91, 92, 1241).

Anders, Familienr., S. 98—100 u. d. Litt. daf. — Krainz-Pfaff, §§ 434, 439. — Pfaff i. d. Jurist. Bl. 1883, Nr. 23. — Ofner, Prot. I. S. 72, 73; II. 143.

I. Dieses Recht hat eine Einschränkung der Verfügungsfreiheit der Frau und mehrfache Verpflichtungen zur Folge (vgl. dtsch. B.G.B. §§ 1354, 1356). Denn das Hausleitungsrecht des Mannes schließt dessen Recht in sich, den Haushaltungsplan, insbesondere also die Hausordnung zu bestimmen, seine Durchführung zu überwachen und innerhalb der Grenzen seiner Gewalt nötigenfalls zu erzwingen. Die Frau ist gesetzlich, und darum ohne Anspruch auf Entgelt, verpflichtet, bei jener Durchführung, sowie bei der Erwerbung, nach Möglichkeit selbstthätig mitzuwirken (ebenso dtsch. B.G.B. § 1356). Infolge dieser Befugnis und Verpflichtung der Frau, die engere Hauswirtschaft zu führen, erscheint die Frau innerhalb der durch den Willen des Mannes gezogenen Grenzen bei selbständiger Abschließung von Verträgen, welche der Haushalt erfordert, im Zweifel als gesetzliche Vertreterin des Mannes (deutschrechtliche sog. Schlüsselgewalt, ebenso im wesentlichen dtsch. B.G.B. § 1357). Im Falle dauernder Verhinderung des Mannes in der Ausübung seines Hausleitungsrechtes tritt die (eigenberechtigte) Frau von selbst an die Stelle des Mannes. Überschreitet die Frau ihre Vertretungsbefugnis, so ist der Mann zur Entziehung der Haushaltungsbefugnis berechtigt. Und sich die Frau eine „unordentliche Wirtschaft" zu schulden kommen läßt: so ist der Mann bei Vorhandensein der gesetzlichen Voraussetzungen (§ 273) nicht nur zur Erwirkung der Prodigalitätserklärung berechtigt, sondern er kann auch abgesehen hievon infolge seiner ehemännlichen Gewalt, als der mit Selbstvollstreckungsbefugnis ausgestattete Hüter der häuslichen Zucht und Ordnung sowie des Hausrechtes, alle innerhalb der Grenzen seiner Gewalt liegenden Maßregeln anwenden, um der unordentlichen Wirtschaft seiner Gattin „Einhalt zu thun" (§ 1241) (vgl. hiezu dtsch. B.G.B. §§ 1354, 1356—1358).

§ 28. b) **Das gesetzliche Verwaltungs- und Vertretungsrecht des Mannes** (§§ 1238, 1239, 1034).

Ogonowski, S. 401 ff. — Anders, Familienr., S. 100—102 u. d. Litt. daf. — Krainz-Pfaff, § 439 u. d. Litt. daf. — Rittner, Eher., S. 317. — Stubenrauch, ad §§ 91, 92, 1034, 1238, 1239. — Pfaff i. d. Jurist. Bl. 1887 Nr. 38. — Ofner, Prot. II. S. 142, 430, 431, auch II. S. 57, 171—179.

Als schwacher Nachhall des deutschrechtlichen gesetzlichen Verwaltungs- und Nutzungsrechtes des Mannes am Vermögen der Frau erscheint die Bestimmung, daß dem Manne am Paraphernalgute der Frau, Eigenberechtigung beider Teile vorausgesetzt, ein durch den Widerspruch der Frau jederzeit behebbares, also bloß prekäres, gesetzliches Verwaltungsrecht zustehe. Die durch letzteres bewirkte Rechtsstellung des Mannes ist im allgemeinen die eines Verwalters fremden Vermögens. Doch haftet er nur für die Integrität der Substanz des verwalteten Vermögens, nicht auch für dessen Ertrag (Nutzungen). In Ermangelung einer entgegenstehenden Verabredung ist nämlich der Mann von der Rechnungslegung über die während der Verwaltung, wenngleich anticipativ, bezogenen Nutzungen befreit. Der Mann hat somit auch ein prekäres Fruchtnießungsrecht (ususfructus), und wenn er von diesem Gebrauch macht, keinen Anspruch auf Ersatz der Verwaltungskosten, sowie die Verpflichtung, bei Endigung der Verwaltung alle „noch nicht bezogenen Früchte und Nutzungen zurückzuerstatten" (anders § 519). Innerhalb der Grenzen der eben erörterten gesetzlichen Verwaltungsbefugnis (§ 1239) bewegt sich das dem Manne zustehende, gleichfalls prekäre gesetzliche Recht, die Frau in allen zur Verwaltung ihrer parapherna gehörenden Angelegenheiten gerichtlich wie außergerichtlich zu vertreten; ein Recht, welches, wie auch die Redaktoren betont haben, von der gesetzlichen Pflicht des Mannes, seine Gattin auf ihr Verlangen „in allen Vorfällen zu vertreten" (§ 91), scharf zu scheiden ist.

In Ansehung der Nutzungen des verwalteteten Vermögens ist somit die Vertretungsbefugnis des Mannes eine unbeschränkte, und selbst in den Fällen des § 1008 von keiner Specialvollmacht abhängig. In Bezug auf das Stammkapital dagegen ist die Vertretungsbefugnis, dringende Fälle ausgenommen (§ 1009), nur auf jene Akte beschränkt, durch welche die Integrität desselben nicht gefährdet wird, und in den Fällen des § 1008 (wie auch die Redaktoren erklärt haben) an eine Specialvollmacht gebunden.

§ 29. 3. Die Vermutung des § 1237.

Ogonowski, S. 400, 401. — Anders, Familienr., S. 104 u. d. Litt. das. — Krainz-Pfaff, § 435 Z. 1. — Stubenrauch, ad § 1237. — Ofner, Prot. II. S. 142.

Die Erfahrungsthatsache, daß der Mann die erwerbende Kraft des Hauses ist, bildet den Grund der (von der praes. Muciana des röm. R. verschiedenen) Vermutung, daß das während des Bestandes der Ehe inter vivos erworbene Vermögen vom Manne erworben worden sei. Diese sowohl zwischen den Gatten als ihren Gläubigern gegenüber geltende Vermutung ist ein Kautelarrechtssatz, der die rechtliche Sonderung des Vermögens der beiden Gatten erleichtern und dadurch die Gefahren vermindern soll, welche die regelmäßige faktische Vermischung der beiden Vermögensmassen für die Gatten und noch mehr für die Gläubiger in sich schließt (vgl. hiemit dtsch. B.G.B. § 1362).

§ 30. 4. Anfechtungsrecht der Gläubiger.

Steinbach, Kommentar zu d. Ges. v. 16. März 1884, S. 6 und ad § 3 Z. 2—4. — Menzel, Das Anfechtungsrecht der Gläubiger nach öst. R., 1886, S. 129—145. — Krasnopolski, Das Anfechtungsrecht der Gläubiger nach öst. R., 1889, S. 49—52, 124.]

Den Gefahren, welche die Ehe schon ihrer Natur nach für die Gläubiger der Gatten nach sich zieht, sucht das öst. R. auch dadurch zu begegnen, daß es den Gläubigern gewissen Rechtsakten der Gatten gegenüber ein weitgehendes (qualifiziertes) Anfechtungsrecht im Konkurse wie außerhalb desselben zuerkennt (Ges. v. 16. März 1884, R.G.B. Nr. 36, § 3 Z. 2—4, § 30 Z. 2—4). (Vgl. darüber das Obligationenrecht § 28.)

5. Zum Schutze der Gläubiger, aber auch der Gatten selbst, sind gewisse Rechtsakte, wenn sie von Ehegatten vorgenommen werden, an eine **gesetzliche Form** gebunden. Es hängt nämlich (von Ehepakten abgesehen) die Gültigkeit von unter Ehegatten geschlossenen Kauf-, Tausch-, Renten- und Darlehensverträgen, sowie die Beweiskraft von Schuldbekenntnissen, die ein Gatte dem anderen abgiebt, von der Aufnahme eines Notariatsaktes ab (Ges. v. 25. Juli 1871, R.G.B. 76). (Vgl. das Obligationenrecht.)

§ 31. 6. (Litteratur zu „Schenkungen".) Hofmann in Grünh. Ztschr. VIII (1880), S. 286 ff. — Ogonowski, S. 335—45, 352—62. — Anders, Familienr., S. 106—108 u. d. Litt. das. — Stubenrauch ad §§ 1246, 1247. — Ofner, Prot. II. S. 26, 27, 146, 147, 431.

Außer den eben genannten unterliegen gewisse Rechtsgeschäfte, wenn sie von Ehegatten oder Verlobten vorgenommen werden, einer besonderen Behandlung. a) nur die von Ehegatten oder Verlobten (unter der conditio juris der Ehe) errichteten gemeinschaftlichen Testamente (§ 1248) oder abgeschlossenen Erbverträge (§§ 602, 1249) sind gültig (vgl. d. Erbrecht). b) Einer besonderen Betrachtung bedürfen **Schenkungen** unter Gatten, Verlobten und an letztere, auch wenn sie nicht Ehepakten sind.

1. Schenkungen unter Gatten hat das geltende öst. R. (§ 1246), in bewußtem Gegensatze zum röm. R. und in wesentlicher Übereinstimmung mit dem bisherigen öst. R., anderen Schenkungen grundsätzlich gleichgestellt (ebenso dtsch. B.G.B.).

Als Ausnahme von dem Grundsatze, daß im Zweifel animus donandi nicht zu vermuten sei, enthält § 1247 1. S. (vgl. hiemit dtsch. B.G.B. §§ 1362, 1366), in bewußter Abweichung vom westgaliz. G.B. die Rechtsvermutung: alle der Frau vom Manne gegebenen sog. weiblichen Gegenstände (vgl. die Red.Prot.), jene Objekte nämlich, welche ihrer wirtschaftlichen Bestimmung gemäß zum Gebrauche für die Person der Gattin zu dienen haben, insbesondere Schmuck, Edelsteine und andere der Frau zum Putze (§ 678) gegebenen Kostbarkeiten, sind im Zweifel als der Frau geschenkt zu betrachten. Diese Vermutung bezweckt in erster Linie, aus Billigkeitsrücksichten der Frau hinsichtlich der bezeichneten Objekte den Gläubigern des Mannes gegenüber einen weitgehenden Schutz zu gewähren.

2. **Schenkungen unter Verlobten** (§ 1247, 2. S.) können sein: a) **einfache**, nämlich von dem Zustandekommen der Ehe unabhängige Schenkungen; b) **bedingte** Schenkungen, bei welchen das Zustandekommen der Ehe als Suspensivbedingung oder das Nichtzustandekommen als Resolutivbedingung erklärt wurde. Solche Schenkungen sind, wenn die Ehe nicht zustande kommt, nach der Auffassung der Redaktoren, die zwischen „Bedingung" und „Voraussetzung" nicht unterschieden, so zu behandeln wie c) Schenkungen, die unter der Voraussetzung der künftigen Ehe („in Rücksicht" auf dieselbe) erfolgt sind (vgl. dtsch. B.G.B. § 1301). Diese Schenkungen sind dationes ob causam futuram, so daß also, wenn die Ehe nicht zustande kommt, das Schenkungsversprechen unwirksam wird und bei vollzogenen Schenkungen ein aktiv wie passiv vererblicher, persönlicher Rückforderungsanspruch (condictio causa data causa non secuta) für den Schenker entsteht. Der Umfang der Haftung des Beschenkten (und seines Erben) richtet sich nach den Grundsätzen der Bereicherungsklagen (ebenso dtsch. B.G.B. § 1301). Ausnahmsweise berührt das Ausbleiben der Ehe den Bestand der Schenkung nicht, wenn der Schenker selbst jenes Nichtzustandekommen verschuldet hat. Schenkungen **an Verlobte** unterliegen denselben Grundsätzen wie Schenkungen unter Verlobten (§ 1247, 2. S.).

7. Über die gesetzliche **Dotations- und Ausstattungspflicht** der Ascendenten der Ehegatten vgl. unten § 39; über die durch die eheliche Gemeinschaft bewirkte **Hemmung der Verjährung und Ersitzung** (§ 1495) vgl. den allgemeinen Teil und das Sachenrecht; über den Grundsatz, daß eine Ehefrau ohne Einwilligung ihres Mannes, eventuell des Gerichtes, nicht **Handelsfrau** sein kann, vgl. das Handelsrecht.

§ 32. **Das gesetzliche Ehegüterrecht im Falle der Ehenichtigkeitserklärung** (§ 102, 1265, 1458).

Nippel, Güterr., § 24. — Anders, Familienr., § 26 u. d. Litt. daj. — Ofner, Prot. I. S. 119; II. S. 148—151, 345, 508.

Die (richterliche) Nullitätserklärung schließt die Entscheidung in sich, daß eine Ehe im Rechtssinne und daher auch die gesetzlichen Wirkungen einer solchen niemals zur Entstehung gelangt seien. Daraus ergibt sich die **Herstellung des zur Zeit der Eheschließung vorhandenen Vermögensstandes** (§ 1265: „das Vermögen kommt in den vorigen Stand zurück"); und der „schuldtragende" Scheingatte (vgl. S. 14) ist dem schuldlosen Teile nach den allgemeinen Grundsätzen (§ 1324) schadenersatzpflichtig. Wesentlich **modifiziert** wird der Grundsatz der Wiederherstellung des status quo ante durch das allgemeine **Princip des § 1458** (vgl. hiemit dtsch. B.G.B. §§ 1345—1347). Aus diesem folgt, daß für den **schuldlosen** Teil in Ansehung des gesetzlichen Güterrechtes die Scheinehe bis zur Nullitätserklärung als gültig behandelt wird. Dasselbe gilt wohl auch im Falle beiderseitiger Schuld, da sich dann kein Teil auf die Nichtigkeit der von beiden als gültig behandelten Ehe berufen kann. Insbesondere ist also im Falle beiderseitiger Schuldlosigkeit oder Schuld der Mann zur Rückforderung des der Gattin geleisteten gesetzlichen **Unterhaltes** nicht berechtigt, wohl aber (nach den Grundsätzen der Konditktionen), wenn die Frau der allein schuldtragende Teil ist. Ist der Mann der allein Schuldtragende, so ist nicht nur die Rückforderung ausgeschlossen, sondern der in dolo oder lata culpa befindliche Mann und sein Erbe wäre sogar verpflichtet, der Scheingattin bis zu ihrem Tode oder ihrer Wiederverehelichung den Unterhalt im Umfang des § 91 als lucrum cessans zu leisten.

2. Abschnitt. Gewillkürtes Güterrecht (Ehepakte).

§ 33. Einleitung.

Anders, Familienr., § 27 u. d. Litt. daf. — Krainz-Pfaff, § 435 u. d. Litt. daf. — Stubenrauch, ad § 1217. — Ofner, Prot. II. S. 133, 134, 572; 148—151.

Ehepakte (pacta nuptialia, dtsch. B.G.B. „Eheverträge", vgl. § 1432), find die zwischen Ehegatten oder Verlobten oder mit dritten Personen in Absicht auf die eheliche Verbindung geschlossenen Verträge, welche die Regelung der Vermögensverhältnisse der Gatten zum Gegenstande haben. (Ungenau § 1217; den Redaktoren fehlte ein klarer Begriff.) Nur Verträge, obligatorische wie dingliche und Erbverträge, können also Ehepakte sein. Ihr gemeinsamer Zweck ist die Regelung der Vermögensverhältnisse der Gatten mit Rücksicht auf die eheliche Verbindung (matrimonii causa), sei es während des Bestandes der Ehe, sei es für den Fall ihrer Auflösung. Daher setzen Ehepakte eine gültige Ehe voraus; und sie „zerfallen" von selbst und das „Vermögen kommt in den vorigen Stand zurück", wenn die Eheschließung unterbleibt oder die geschlossene Ehe als nichtig erklärt wird (§ 1265). Schenkungen (als solche) unter Gatten oder Verlobten und an solche sind somit keine Ehepakte (arg. §§ 1246, 1247). Zwischen Verlobten geschlossene Ehepakte (Hfd. v. 25. Juni 1817, J.G.S. 1340) erscheinen als unter der conditio juris der künftigen Ehe geschlossene, somit gültige, aber betagte Rechtsgeschäfte, auf Grund welcher also grundbücherliche Eintragungen auch vor der Eheschließung stattfinden können.

Im Anschlusse an das röm. und deutsche, sowie das ältere öft. R., aber im Gegensatze zu dem Rechte des a. b. G.B. (vgl. § 883) hat das Gef. v. 25. Juli 1871, R.G.B. 76, zum Schutze der Gatten, namentlich aber der Gläubiger, die Gültigkeit der Ehepakten, gleichviel welcher Art, an eine gesetzliche Form, u. zw. an die Errichtung eines Notariatsaktes, gebunden. (Das dtsche. B.G.B. § 1434 fordert gerichtlichen oder notariellen Abschluß.) Das aus einem wegen Formmangels ungültigen Ehepakt solvendi causa Geleistete kann jedoch nicht kondiziert werden (§ 1432). Die Wirksamkeit gültiger Ehepakten hängt grundsätzlich von der Beobachtung einer bestimmten Form nicht ab. Eine wichtige Ausnahme enthält das Handelsgesetzbuch v. 17. Dezember 1862, welches in gewissen Fällen die Wirksamkeit der Ehepakten den Handelsgläubigern gegenüber an die Eintragung in das Handelsregister knüpft (vgl. das Handelsrecht, sodann dtsch. B.G.B. §§ 1435, 1431, 1558—1563, welches ganz allgemein zur Wirksamkeit gegen Dritte die Eintragung in das „Güterrechtsregister" fordert). — Besondere Grundsätze gelten für Ehepakte im Falle der Ehescheidung oder Trennung (vgl. § 49, 59), während auf die Fähigkeit zum Abschluß von Ehepakten die allgemeinen Normen Anwendung finden (vgl. insbes. § 1219, § 865). Die sog. Ehepaktenprotokolle, welche namentlich Beweiszwecken dienten, aber keine Grundbücher waren (vgl. Hfd. v. 19. April 1818, J.G.S. 1498), bestehen heutzutage nicht mehr.

A) Das Heiratsgut (dos).

§ 34. I. Wesen und Voraussetzungen.

Ogonowski, S. 162 ff. — Anders, Familienr., § 28, 3. I u. d. Litt. daf. — Krainz-Pfaff, § 437 u. d. Litt. daf. — Stubenrauch, ad §§ 1218, 1225, 1265. — Pfaff-Hofmann, Kommentar II. S. 455, 456. — Ofner, Prot. II. S. 134 (136, 137), 138, 429; 148—151.

Das öft. Recht hat dieses Institut in einer Gestalt aufgenommen, welche eine Mischung römisch- und deutschrechtlicher Elemente aufweist. Das Heiratsgut ist, wie nach röm. R., jene Vermehrung des ehemännlichen Vermögens, welche von der Frau oder für sie von einem Dritten dem Manne als Beitrag zur Bestreitung der ehelichen Lasten zugewendet wird (§ 1218). Die dos ist also begrifflich ein dem Manne von seite der Frau, doch nicht notwendig von ihr selbst zukommender Vermögenszuschuß, welcher der Erleichterung der Ehestandslasten wegen (onerum matrimonii causa) gegeben wird und somit als datum ob causam erscheint. Eine dos kann daher nur dem Manne als Träger der Ehelast bestellt werden. Gesetzlich ist niemand zur Dosbestellung verpflichtet (§ 1225). Der vor oder nach der Eheschließung durch freiwilligen Privatwillensakt begründete Dosbestellungsanspruch des Mannes ist stets ein obligatorischer. Verschieden von der Dosbestellung ist die, in dieser stets enthaltene, aber auch ohne sie mögliche Dotierung, welche stets nur als eine Zuwendung an eine weibliche Person erscheint. Die Frau hat einen gesetzlichen, u. zw. familienrechtlichen Dotierungsanspruch, dem die Verpflichteten genügen durch Dosbestellung oder durch Zuwendung eines zur dos geeigneten Objektes an die Frau zum Zwecke der Dosbestellung. (Dem dtsch. B.G.B. ist das Institut des dos unbekannt; ihr Zweck, dem Manne als Träger der Ehelast [vgl. §§ 1389, 1427] einen Beitrag zu ihrer Deckung zu gewähren, wird durch das dtsche. B.G.B., selbst im Falle der Gütertrennung, in anderer Weise verwirklicht; vgl. insbes. §§ 1427 ff.) Die praktisch wichtige Streitfrage, ob die Dosbestellung eine Schenkung sei, ist für das öst. R. wohl dahin zu beantworten: eine Schenkung an den Mann liegt nicht vor. Nur die Befreiung desselben von seiner Restitutionspflicht (pactum de lucranda dote) ist Schenkung. Eine Schenkung an die Frau enthält die Dosbestellung, selbst wenn sie durch einen Nichtdotierungspflichtigen und ohne Vorbehalt des Rückfalls an den Besteller oder einen Dritten erfolgte, nur dann, wenn die Frau als Mitkontrahentin des Dosbestellungsvertrages erscheint.

Da es ohne gültige Ehe keine dos geben kann, so kann das dotis causa Empfangene vom Besteller durch rei vindicatio oder condictio ob causam zurückgefordert werden, wenn die Eheschließung unterbleibt oder die geschlossene Ehe als nichtig erklärt wird (§ 1265). Der Empfänger ist vor dem Zeitpunkte der erlangten Kenntnis des Nichtigkeitsgrundes wie ein redlicher Besitzer vor der Klagezustellung, von jenem Zeitpunkte an aber, sowie im Falle des Unterbleibens der Eheschließung, wie ein redlicher Besitzer nach der Klagezustellung zu behandeln. Neben der Restitutionspflicht besteht ein den allgemeinen Grundsätzen unterliegender Schadensersatzanspruch des schuldlosen Teiles gegen den Schuldtragenden (§§ 102, 1265).

§ 35. II. Gegenstand des Heiratsgutes (§ 1227).

Ogonowski, S. 188 ff. — Anders, Familienr., § 28 3. III u. d. Litt. das. — Krainz-Pfaff, § 437. — Stubenrauch ad § 1227. — Ofner, Prot. II. S. 138, 139.

Dotalobjekt kann alles sein, was ein Vermögen zu vermehren vermag, also einen Tausch- oder einen Gebrauchswert hat, veräußerlich oder ertragsfähig ist. Untauglich sind lediglich zur Sicherstellung dienende, accessorische Rechte. Bestellung eines Vermögens zur dos, z. B. einer wenigstens deferierten Erbschaft, bewirkt keine Universalsuccession.

§ 36. III. Bestellung des Heiratsgutes.

Ogonowski, S. 192, 193, 200—254. — Anders, Familienr., S. 117—122 u. d. Litt. das. — Krainz-Pfaff, § 437. — Stubenrauch, ad §§ 1218, 1225, 670, 671. — Unger, Das österr. Erbrecht, 4. Aufl., Leipzig 1894, § 75. — Pfaff-Hofmann, Kommentar II. ad § 670. — Ofner, Prot. II. S. 134, 135 (136, 137), 138, 429; I. S. 400, 401; II. S. 390, 545.

Zur Verstärkung des ehemännlichen Vermögens und daher zur Dosbestellung geeignete Rechtsakte sind Rechtsgeschäfte inter vivos wie mortis causa, u. zw. dingliche wie obligatorische Verträge und letztwillige Verfügungen (Vermächtnis). (Vgl. in § 1218 die Worte „zusichern" — „übergeben".) Ob bei einem zur Dosbestellung geeigneten Rechtsgeschäfte letztere beabsichtigt sei, ist eine oft schwer zu entscheidende Willensauslegungsfrage. Häufig wird nur eine zum Paraphernalgut der Frau gehörende sog. Ausstattung, Aussteuer (apparatus, instructus muliebris) gewollt sein.

1. Dosbestellung durch dinglichen Vertrag.

Dieser kann insbesondere den Erwerb von Eigentum oder bloßen Besitzerwerb, namentlich Ersitzungsbesitz, den Erwerb dinglicher Nutzungsrechte, namentlich von Servituten, sowie die Befreiung von solchen, bewirken.

2. Bestellung durch obligatorischen Vertrag.

a) Ein solcher ist vor allem das Dotalversprechen (promissio dotis), durch welches sich der Besteller dem Manne gegenüber zu einer obligatorischen Leistung verpflichtet. Auch eine objektiv unbestimmte promissio d. ist (wie nach röm. R.) gültig. Für in concreto Dotationspflichtige gilt in diesem Falle der Maßstab des § 1220 (vgl. S. 32). Für in concreto Nichtdotationspflichtige gilt per analogiam § 670. Dieser bemißt die dos nach dem Stande (sociale Stellung) des Vaters der Frau (Braut). Darüber hinaus ist der Maßstab ein hypothetischer (ideeller). Denn nicht das wirkliche Vermögen des Vaters, somit auch nicht seine wirkliche Dotationspflicht entscheidet, sondern das Vermögen des Vaters ist als ein für seinen Stand mittelmäßiges gedacht, womit die Harmonie zwischen der socialen und ökonomischen Stellung gemeint ist. Promittiert die Frau selbst, so bildet vor allem der Stand des Mannes und das Vermögen der Frau den Maßstab. Die Erfüllung des Dotalversprechens (illatio, numeratio, § 1225 „Übergabe"), welches im geltenden öst. R. durch kein gesetzliches Pfandrecht sichergestellt ist (anders röm. R.), unterliegt den allgemeinen Grundsätzen des Obligationenrechts. In Ermanglung einer vereinbarten Erfüllungszeit ist die promissio dotis, wenn sie vor der Eheschließung erfolgte, begrifflich und gesetzlich (§ 1225) am Tage der Eheschließung, sonst aber „sogleich" (vgl. § 904) zu erfüllen. Somit hängt nur in diesem letzteren Falle der Verzug des Promittenten von der Mahnung (Interpellation) ab (vgl. § 1334). (Über die Anfechtbarkeit der Erfüllung, sowie der Sicherstellung der prom. d. vgl. das Obligationenrecht § 28, II.)

b) Die Dosbestellung durch obligatorischen Vertrag kann auch durch Cession einer dem Besteller gegen einen Dritten zustehenden (obligatorischen) Forderung an den Mann erfolgen (cessio dotis causa). Diese ist als entgeltliche zu behandeln.

c) Auch durch Schulderlaßvertrag kann eine dos bestellt werden, indem der Besteller eine ihm gegen den Mann zustehende (obligatorische) Forderung diesem dotis causa erläßt, in welchem Falle der Schuldgegenstand als der Gegenstand der dos erscheint.

§ 37. Bestellung durch Vermächtnis.

a) Ein bloßes Dotierungsvermächtnis (Dotierung ohne Dosbestellung) liegt vor, wenn einer Frauensperson eine dos legiert wird. Die Bedachte kann dann vom Onerierten entweder die Entrichtung des Legates an sie zum Zwecke der Dosbestellung oder die letztere selbst verlangen. Im Zweifel ist ein solches Legat als modales (§§ 709, 710) zu behandeln, wenn aber einer Unverheirateten und ohne Rücksicht auf eine bestimmte Ehe eine dos vermacht wird, (im Zweifel) als legatum purum (§ 711). b) Das Vermächtnis einer dos an einen Mann (leg. dotis constituendae causa i. e. S.) bewirkt mit Eintritt des dies cedens legati die Perfektion der dos. Auch die Frau ist Legatarin (§ 1229), wenn nicht jede Bezugnahme auf eine bestimmte Ehe fehlt. Rücksichtlich des Mannes ist das leg. d. c. c. im Zweifel als ein bedingtes, hinsichtlich der Frau als modales anzusehen. Bei objektiver Unbestimmtheit des Legats gilt für in concreto Dotationspflichtige der Maßstab des § 1220, für Andere jener des § 670 (S. 32).

§ 38. IV. Beweis des Empfanges der dos.

Ogonowski, S. 227—237. — Anders, Familienr., S. 122 u. d. Litt. das. — Krainz-Pfaff, § 438. — Stubenrauch, ad § 1226. — Ullmann, in Grünh. Ztschr. IV (1877), S. 100 ff. — Roztocil i. d. Notariats-Ztg. 1894, Nr. 18—20. — Ofner, Prot. II. S. 139, 429.

Von den allgemeinen Beweisgrundsätzen abweichende Normen gelten hier, wie schon nach röm. und früherem öst. R., zum Schutze der Gläubiger des Mannes gegen Schädigung durch erdichtete Dotalansprüche der Frau oder des angeblichen Bestellers einer dos recepticia, nur für die Beweiskraft von **Empfangsbestätigungen des Mannes**. Diese hängt heutzutage ganz allgemein von der Aufnahme eines **Notariatsaktes** ab (Ges. v. 25. Juli 1871, R.G.B. 76). Im (nicht kaufmännischen) **Konkurse des Mannes** hängt jene Beweiskraft außerdem noch davon ab, daß die Empfangsbestätigung **vor** der Konkurseröffnung erfolgte (§ 1226); und damit erstere zu Gunsten der Frau oder ihrer Rechtsnachfolger gegen die Konkursmasse (Gläubiger) beweismachend sei, ist weiter erforderlich, daß die Bestätigung, dem Notariatsakte gemäß, zur Zeit der Empfangnahme oder spätestens ein Jahr vor dem Tage der Konkurseröffnung stattgefunden habe (Konk.Ordg. v. 1868 § 49). — Der Zweck dieser Normen wird in vollkommenerer Weise erfüllt durch das Anfechtungsges. v. J. 1884.

§ 39. V. Die gesetzliche Dotationspflicht (§§ 1219—1224).

Ogonowski, S. 254—281. — Anders, Familienr., S. 123—126 u. d. Litt. das. — Krainz-Pfaff, § 457. — Stubenrauch, ad §§ 1220—1224. — Ofner, Prot. I. S. 146. II, S. 134—138, 352, 353, 429, 572.

Auch das öst. Recht hat, wie das röm. und deutsche Recht, gewisse Personen als gesetzlich dotierungspflichtig erklärt und diese Verpflichtung im wesentlichen als Ausfluß der elterlichen **Unterhalts- und Versorgungspflicht** betrachtet. Dieser Gesichtspunkt ist aber, wie auch die Redaktoren betont haben, nur hinsichtlich der verpflichteten Subjekte und der Reihenfolge der Verpflichteten, nicht auch in Bezug auf den Umfang der Pflicht, maßgebend. Die gesetzliche Dotationspflicht ist stets nur eine **subsidiäre**, setzt also voraus, daß die Frau (Braut) kein eigenes, zu einer angemessenen dos hinlängliches Vermögen besitzt (§ 1220). Aus dieser Subsidiarität erklärt sich die Auslegungsregel des § 1224, dessen erster Satz (wie die Protokolle beweisen) auch auf eine nicht eigenberechtigte Braut zu beziehen ist. Die gesetzliche Dotationspflicht der Ascendenten ehelichen wie legitimierten Kindern gegenüber deckt sich mit der gesetzlichen Unterhaltspflicht, sowohl hinsichtlich der Verpflichteten als der Reihenfolge derselben; und die Unterscheidung zwischen in abstracto und in concreto Unterhaltspflichtigen findet analoge Anwendung auch auf die Dotationspflicht (vgl. unten § 63). Uneheliche Kinder dagegen haben bloß gegen ihre Mutter einen Dotationsanspruch (vgl. das. § 167). Adoptivkindern gegenüber geht wohl die Dotationspflicht der Adoptiveltern jener der leiblichen Eltern vor; andere nehmen eine korreale Dotationspflicht der leiblichen Ascendenten und der Adoptiveltern, jedoch ohne Regreßanspruch, an. Alle, aber auch nur die genannten Personen sind nach öst. Recht gesetzlich dotierungspflichtig (anders das röm. Recht und das gem. Gewohnheitsrecht).

Der Dotationspflichtige ist zur Leistung einer **angemessenen** („anständigen") d. i. der sozialen Stellung des Mannes entsprechenden dos, für deren Größe die Sitte entscheidet, verpflichtet. Innerhalb dieser Maximalgrenze richtet sich der Umfang der Dotationspflicht nach der **Leistungsfähigkeit des Verpflichteten**, die von dessen Stand und Vermögen abhängt. — Wird vom Dotationspflichtigen, von welchem die Braut erst bei ihrer Verehelichung die Dotierung verlangen kann, die letztere gerichtlich begehrt, so hat das Gericht im offiziösen Wege den Vermögensstand des Verpflichteten, jedoch aus Pietätsrücksichten mit möglichster Schonung zu erforschen, und letzteren von der Dotierung nur dann loszusprechen, wenn er nicht einmal ratenweise eine „anständige" dos zu leisten vermöchte.

Die **Dotationspflicht entfällt**: a) zur Strafe für die Impietät des (eigenberechtigten) Descendenten, wenn derselbe ungerechtfertigter Weise ohne Wissen des Verpflichteten eine (gültige) Ehe schließt, oder die Eheschließung gegen dessen Willen erfolgte und das Gericht die Ursache der Mißbilligung gegründet findet. Durch die nachträgliche Zustimmung lebt die erloschene Dotationspflicht nicht auf; b) durch den rechtsgültigen Verzicht der Berechtigten. Der Verzicht des Bräutigams stellt sich als Ablehnung der dos dar und vermag den Dotationsanspruch der Frau nicht zu beseitigen. Das vom Verpflichteten trotz des Verzichtes des Mannes dotis causa der Frau Gegebene würde Paraphernalgut; c) durch vollständige und vollwirksame Erfüllung durch den Dotationspflichtigen. Wiederholte Erfüllung (Rebotation) kann also, und zwar selbst im Falle zufälligen Verlustes der vom Verpflichteten geleisteten dos oder der Wiederverehelichung, nicht begehrt werden; und im Falle der Eviction des Geleisteten ist der Evictionsanspruch kein Dotationsanspruch; d) durch den Tod des Berechtigten, nicht aber durch Verjährung (§ 1481).

§ 40. **VI. Das Rechtsverhältnis während der Ehe** (§§ 1227, 1228).
Ogonowski, S. 281—309. — Anders, Familienr., S. 127—129 u. d. Litt. daf. — Krainz-Pfaff, § 438. — Stubenrauch, ad §§ 1227, 1228. — Ofner, Prot. II. S. 138, 139.

In Ermangelung rechtsgeschäftlicher Bestimmung desselben ist der Gesichtspunkt maßgebend, daß die dos während der Ehe zur Bestreitung des ehelichen Aufwandes zu dienen hat, nach Auflösung der Ehe aber das Kapital der dos regelmäßig an die Frau oder ihre Erben herauszugeben ist. Das röm. Recht verwirklichte diesen Gedanken, indem es dem Manne während der Ehe zwar Eigentum an der dos zuerkannte, dasselbe jedoch in verschiedenster Weise abschwächte, sodaß es praktisch vielfach einem ususfructus gleichkam. Im Anschlusse an das deutsche Recht und die moderne Rechtsentwicklung schlägt das (geltende) öst. Recht einen anderen Weg ein. Es gilt hier die Regel: der Mann ist während der Ehe bloß Nutznießer der dos, das Eigentum daran steht der Frau oder dem Besteller einer dos recepticia zu. Dieser Grundsatz findet namentlich Anwendung auf Immobilien, unverbrauchbare und nicht vertretbare Mobilien und auf Rechte, welche einen dauernden Ertrag abwerfen. Der ususfructus des Mannes an der dos und ihrem Zuwachse unterliegt keinen besonderen Normen. In folgenden Ausnahmsfällen steht dem Manne die dos schon kraft gesetzlicher Bestimmung zu vollem Rechte (Eigentum) zu: a) wenn bares Geld oder andere verbrauchbare oder vertretbare Sachen Dotalobjekt sind. In diesen Fällen wird der Mann Quasiusufruktuar (§ 510), somit Eigentümer und ist nur verpflichtet, nach Auflösung der Ehe den Wert des Empfangenen zu restituieren; b) wenn „abgetretene Schuldforderungen" Dotalobjekt sind; d. h. der Mann wird Gläubiger von dotis causa cedierten Forderungen und ist daher zu deren Realisierung berechtigt. Bildet ein anliegendes Kapital ohne Cession der Forderung selbst den Dotalgegenstand: so erwirbt der Mann, der Regel gemäß, nur verus ususfructus an der Kapitalforderung (§ 510); c) wenn die Dotalobjekte erwiesenermaßen zu dem Zwecke geschätzt worden sind, um den Mann bloß zur künftigen Restitution des bestimmten Schätzungspreises zu verpflichten. Es liegt dann ein als Bestandteil des Ehepakts erscheinender Kauf des dotis causa Empfangenen um den Schätzungspreis als Kaufpreis vor, der fortan die dos bildet, daher aestimatio venditionis gratia. Somit sind namentlich die Grundsätze der Gewährleistung und der Anfechtung wegen Verletzung über die Hälfte anzuwenden. Im Zweifel gilt die Schätzung bloß als zu Beweiszwecken vorgenommen (taxationis gratia facta). Erwirbt der Mann Eigentum an der dos, so hat er in jeder Beziehung die Rechtsstellung eines Eigentümers.

§ 41. **B) Die Widerlage** (§§ 1230, 1231).
Ogonowski, S. 309 ff. — Anders, Familienr., § 29 u. d. Litt. daf. — Krainz-Pfaff, §§ 444, 457. — Stubenrauch, ad §§ 1230, 1231, 1245. — Ullmann i. Grünh. Ztschr. IV. S. 114, 185 ff. — Randa, Das Eigentumsrecht, I. (1893), 2. Aufl., § 21. — Wien i. d. Ger.-Halle 1896, Nr. 25. — Ofner, Prot. II. S. 143, 144, 352, 353, 430, 572.

1. Die (dem dtsch. B.G.B. unbekannte) Widerlage des geltenden öst. Rechts, deren historische Grundlage die donatio propter nuptias (contrados) des röm. Rechts, namentlich aber das Gegenvermächtnis (dotalicium) des deutschen Rechts bildet, erscheint wie in diesem als ein der Witwenversorgung dienendes Institut. In der Entwicklung desselben in Österreich, die erst im letzten Stadium der Redaktion des a. b. G.B. ihren Abschluß fand, tritt uns ein stetes Schwanken entgegen. In ihrer heutigen Gestalt ist die Widerlage jene der Frau für den Fall ihres Überlebens ausgesetzte Versorgung, welche ihr

unter dem Titel einer Vermehrung ihres Heiratsgutes von dem Manne oder einem Dritten zugewendet wird. Die Widerlage setzt somit begrifflich das — praktisch bedeutungslose — Vorhandensein einer (wenngleich noch nicht zugezählten) dos voraus, ist jedoch an deren Wertbetrag nicht gebunden. Die Widerlage stellt sich ihrem Wesen nach, zumal eine gesetzliche Verpflichtung zu dieser Zuwendung nicht besteht, als eine eigentümliche Schenkung auf den Todesfall dar.

2. Auf die Widerlage als augmentum dotis sind in Bezug auf Objekt und Bestellung die Grundsätze der dos, soweit möglich, sinngemäß anzuwenden. Alles zur Vermehrung der dos und zur Witwenversorgung Geeignete kann Objekt der Widerlage sein. Zur Dosbestellung taugliche Rechtsgeschäfte, welche sich als datio (i. w. S.) darstellen, sind zur Begründung einer Widerlage weniger geeignet (arg. § 1230). Bei objektiver Unbestimmtheit der versprochenen oder vermachten Widerlage ist im Zweifel als Maximalbetrag der Betrag der dos zu betrachten. Besteller der Widerlage ist der Ehemann oder ein Dritter, Empfänger stets nur die Frau. Eine gesetzliche Verpflichtung zur Bestellung einer Widerlage besteht nicht.

3. Als Witwenversorgung hat die Widerlage während der Ehe grundsätzlich keine vermögensrechtliche Funktion zu erfüllen. Verwaltung und Nutzung verbleiben dem Besteller. Der Gattin steht in der Regel nur eine an die conditio juris ihres Überlebens gebundene, mit dem Tode des Mannes fällig werdende Forderung auf Leistung der Widerlage zu. Doch kann die Frau durch Intabulation während der Ehe regelmäßig suspensiv bedingtes Eigentum an der Widerlage erwerben.

§ 42. C) Die Heirats-Ausstattung des Mannes (§ 1231).

(Vgl. die Litteraturcitate zu § 41.)

Darunter ist zu verstehen, was einem Manne aus Anlaß seiner Verehelichung zur Erleichterung des ehelichen Aufwandes an Einrichtungsstücken, Kleidern, Wäsche u. dergl., jedoch nicht dotis causa, zugewendet wird. Hiezu sind die Ascendenten des Mannes gesetzlich verpflichtet. In Bezug auf die Subjekte der Verpflichtung, deren Umfang und Wegfall, finden die Grundsätze der dos sinngemäße Anwendung. Begrifflich hat die Ausstattung mit der dos nur den Zweck gemein. In der Regel ist die Ausstattung volles Eigentum des Mannes, an welchem der Frau gesetzlich kein Recht zusteht. Eine gesetzliche Verpflichtung zur Heiratsausstattung der Tochter, „Aussteuer", besteht nach öst. Recht nicht (anders das dtsch. B.G.B. §§ 1620 ff.).

§ 43. D) Der Witwengehalt (§§ 1242—1244).

Ogonowski, S. 562. — Anders, Familienr., § 30 u. d. Litt. das. — Krainz-Pfaff, § 443. — Stubenrauch, ad §§ 1242—1245. — Ullmann in Grünh. Ztschr. IV. S. 104 ff. — Ofner, Prot. II. S. 145, 146, 148, 431.

Darunter ist jener Unterhalt zu verstehen, welcher einer Ehegattin für den Fall und die Dauer ihres Witwenstandes zugewendet wird. Dieses der Witwenversorgung dienende (dem dtsch. B.G.B. unbekannte) Institut ist deutschrechtlichen Ursprungs. Der Witwengehalt trägt alle wesentlichen Merkmale einer bedingten Schenkung auf den Todesfall an sich und ist schon vom früheren öst. Recht als eine solche behandelt worden. Der Witwengehalt kann durch Ehepakt und durch Vermächtnis zugewendet werden und begründet im ersten Falle während der Ehe für die Frau in der Regel nur einen bedingten, erst mit dem Tode des Mannes fälligen Leistungsanspruch. Denn während der Ehe hat der Witwengehalt als Witwenversorgung in der Regel keine vermögensrechtliche Funktion zu erfüllen. Für das Objekt des Witwengehalts ist der Begriff eines zeitlich beschränkten Unterhaltes maßgebend. Eine von den Redaktoren selbst hervorgehobene Gestaltung des Witwengehalts ist das sog. Leibgedinge, nämlich der auf den Witwenstand beschränkte ususfructus an einem unbeweglichen Gute. Bei objektiver Unbestimmtheit des Witwengehalts entscheidet der Begriff des Unterhaltes (vgl. § 673). Widerlage und Witwengehalt sind beide als Schenkungen erscheinende Witwenversorgungen. Doch ist der Witwengehalt kein augmentum dotis und auf den Witwenstand sowie auf durch den Begriff eines zeitlich begrenzten Unterhaltes gegebene Objekte beschränkt (anders die Widerlage).

§ 44. E) Die Fruchtnießung auf den Todesfall (Advitalitätsrecht) (§§ 1255—1258).

Ogonowski, S. 58, 367 ff. — Anders, Familienr., § 31 u. d. Litt. das. — Krainz-Pfaff, § 445. — Stubenrauch, ad §§ 1255—1258. — Schiffner, Der Vermächtnisvertrag nach öft. R., 1891, insbef. §§ 2—4. — Randa, Eigentümer., I. § 21. — Ofner, Prot. II. S. 397, 398, 432—435, 548—551.

Darunter versteht das öft. Recht jene Fruchtnießung, welche ein Ehegatte an seinem ganzen Vermögen, an einer Quote oder bestimmten Objekten desselben dem anderen Gatten für den Fall seines Überlebens zuwendet. Historische Grundlage dieses dem Zwecke der Versorgung des überlebenden Gatten dienenden, von der deutschrechtlichen Leibzucht verschiedenen (dem dtsch. B.G.B. unbekannten) Institutes bildet das sog. jus advitalitium des polnischen Rechtes, mit Rücksicht auf welches dasselbe, jedoch erheblich modifiziert, in das G.B. aufgenommen wurde. Das Advitalitätsrecht kann durch letztwillige Verfügung (Vermächtnis) wie durch Ehepakt (Advitalitätsvertrag) zugewendet werden. Das Recht des bedachten Gatten ist (regelmäßig) abhängig vom Vorversterben des anderen, und schränkt dessen Verfügungsfreiheit inter vivos grundsätzlich nicht ein. Schon daraus folgt, daß der Advitalitätsvertrag ein Vermächtnisvertrag ist, dessen Wesen er durchaus teilt. Erbeinsetzungsvertrag ist der Advitalitätsvertrag, da er keine Universalsuccession begründet, niemals, Schenkungsvertrag mortis causa aber nur, wenn die an einem unbeweglichen Gute eingeräumte Fruchtnießung auf Grund des Ehepakts zu Gunsten des Bedachten intabuliert wird. Dadurch erwirbt der letztere den ususfructus als suspensiv bedingtes dingliches Recht, welches der Gatte auch durch spätere Verfügungen inter vivos nicht mehr beeinträchtigen kann.

§ 45. F) Morgengabe (§ 1232).

Ogonowski, S. 345 ff. — Anders, Familienr., § 32 u. d. Litt. das. — Krainz-Pfaff, § 441. — Stubenrauch, ad § 1232. — Ofner, Prot. II. S. 144, 145, 572.

Dieses dem deutschen Recht angehörige (ins dtsch. B.G.B. nicht übergegangene) Institut tritt in seiner Entwicklung sehr vielgestaltig auf, ursprünglich als remuneratorisches Geschenk des Mannes an die Frau für ihre Hingabe, später als Witwenversorgung. Das geltende öft. Recht hat die Morgengabe in ihrer ursprünglichen Gestalt aufgenommen. Sie ist hienach eine remuneratorische Schenkung, welche der Mann der Frau macht, mit Rücksicht auf den Beginn des ehelichen Lebens, als Zeichen der Liebe und des Dankes für ihre Hingabe. Nur das Versprechen einer Morgengabe ist Ehepakt. Der „erste Morgen" nach dem Tage der Eheschließung ist Endtermin für jenes Versprechen. Dieses kann jedoch dem ersten Morgen, wie der Eheschließung, auch vorhergehen. Der Leistungstermin in solchem Falle ist der vereinbarte, sonst aber der Beginn des auf die Eheschließung folgenden Tages. Entstanden ist der Leistungsanspruch, wenn die promissio vor der Eheschließung erfolgt, im Momente der Perfektion der letzteren. Hat die Ehe bereits drei Jahre bestanden, so tritt, ohne Rücksicht auf eine etwa vereinbarte Erfüllungsfrist, die Rechtsvermutung ein, es sei die versprochene Morgengabe bereits geleistet worden; eine Bestimmung, die in der Eigenart der Morgengabe ihre Begründung findet. Die durch die Ehe gehemmte Verjährung des Leistungsanspruches der Frau wird durch jene Vermutungsfrist nicht berührt.

§ 46. G) Vertragsmäßige Verwaltung und Fruchtnießung des Paraphernalgutes durch den Mann; Verwaltungsgemeinschaft (§§ 1238—1241).

Ogonowski, S. 401 ff. — Anders, Familienr., § 33 u. d. Litt. daſ. — Krainz=Pfaff, § 439. — Stubenrauch, ad §§ 1238—1241. — Ofner, Prot. II. S. 142, 143, 430, 431.

Aus dem Zusammenhange dieser Normen ergeben sich folgende Fälle: 1. Ein gewöhnliches, frei widerrufliches und zur Rechnungslegung verpflichtendes Mandat liegt vor, wenn der Mann die Verwaltung seines Vermögens seiner Gattin überträgt. 2. Hat die Frau dem Manne den Fruchtgenuß ihrer paraperna ausdrücklich eingeräumt, die Früchte aber selbst bezogen, so ist sie, da eine stillschweigende Schenkung des Mannes angenommen wird, bis zu dessen Widerspruch von der Rechnungslegung befreit. 3. Hat die Frau dem Manne durch Ehepakt (§ 1241: „ausdrücklich und auf immer") die Verwaltung oder Fruchtnießung ihrer paraperna oder beides eingeräumt, so erlangt der Mann infolge der Dispositivnorm des § 1239 im wesentlichen dieselbe Rechtsstellung, welche dem Manne nach dem deutschrechtlichen System der Verwaltungsgemeinschaft zukommt (vgl. hiezu dtsch. B.G.B. §§ 1363—1425). Der Mann erwirbt hiedurch für die Dauer der Ehe ein festes Recht, welches ihm nur „in dringenden Fällen oder bei Gefahr eines Nachteils" (Gefährdung der Substanz) auf Antrag der Frau vom Richter entzogen werden kann (vgl. dtsch. B.G.B. §§ 1418 ff., 1391).

§ 47. H) Die Gütergemeinschaft (§§ 1233—1236; §§ 1177, 1178).

Ogonowski, S. 376—399. — Anders, Familienr., § 34 u. d. Litt. daſ. — Krainz=Pfaff, § 436 u. d. Litt. daſ. — Stubenrauch, ad §§ 1233—1236, 1177, 1178. — Ullmann i. Grünh. Ztschr. IV. S. 107 ff. — Randa, Eig. I. § 21. — Pfaff i. d. Jurist. Bl. 1883, Nr. 23. — Ofner, Prot. II. S. 139—141, 430; II. S. 112, 424.

Das System der gesetzlichen Gütergemeinschaft, welches in Österreich verbreitet war, wurde von den Redaktoren mit ausdrücklicher Berufung auf das Josefinische G.B. ins a. b. G.B. nicht aufgenommen. Die Gütergemeinschaft unter Ehegatten ist daher (wie nach dem dtsch. B.G.B.) immer nur eine vertragsmäßige.

1. Umfang und Objekt der Gütergemeinschaft.

Diese ist entweder eine allgemeine, wenn sie das ganze gegenwärtige d. i. zur Zeit des Vertragsabschlusses vorhandene und das ganze zukünftige Vermögen umfaßt; oder eine partikuläre, wenn sie sich nur auf das gegenwärtige oder nur auf das zukünftige (erworbene oder ererbte) Vermögen bezieht. Das dtsch. B.G.B. kennt nur das Institut der allgemeinen G.G. (§§ 1437 ff.), der „Errungenschafts=" und der „Fahrnis=" Gemeinschaft (§§ 1519 ff., 1549 ff.). Eine auf das „ganze" Vermögen lautende G.G. erstreckt sich nur auf das gegenwärtige, eine auf das zukünftige Vermögen lautende G.G. im Zweifel nur auf das „erworbene", d. i. das entgeltlich oder unentgeltlich inter vivos erlangte Vermögen, nicht auf das „ererbte", d. i. das mortis causa zugefallene Vermögen. Daher bedarf es der ausdrücklichen Einbeziehung des zukünftigen „erworbenen" wie „ererbten" Vermögens, damit die G.G. eine allgemeine sei. Besteht neben der (selbst allg.) G.G. ein Heiratsgut, eine Widerlage oder dergl.: so sind dieselben als ein Sondergut und daher nach den für solche Zuwendungen geltenden besonderen Grundsätzen zu behandeln.

2. Formerfordernisse.

Außer der für alle Ehepakte geltenden Form des Notariatsaktes setzt die Entstehung der G.G. nur, wenn sie bloß das gegenwärtige oder bloß das zukünftige Vermögen umfaßt, zum Zwecke der möglichst genauen Sonderung des Gemeinschaftsvermögens vom Sondergut (Einhandsgut) jedes Gatten eine formale Inventarisierung voraus, durch welche die inventarisierten Objekte in einer die Verwechslungsgefahr ausschließenden Weise bezeichnet werden. Jener Zweck wird aber bei einer G.G. des Zukünftigen nur unvollständig erreicht, weil (wie die Red.=Protokolle beweisen) die Inventarisierung nicht von Fall zu Fall zu erfolgen, sondern immer nur das gegenwärtige Vermögen zu umfassen hat. (Vgl. hiemit dtsch. B.G.B. §§ 1528, 1549, 1550.)

3. Die Gütergemeinschaft während des Bestandes der Ehe.

A) Im Zweifel („in der Regel") ist die G.G. nur eine Gemeinschaft auf den Todesfall (anders dtsch. B.G.B., vgl. §§ 1438, 1519, 1549). Das Wesen dieser aus dem ehemaligen öst. Gewohnheitsrechte hervorgegangenen G.G., welche eine erbrechtliche Grundlage hat, liegt darin, daß im Falle des Todes des einen Gatten (vgl. auch § 1266 u. 1262) das der Gemeinschaft unterzogene, noch vorhandene Vermögen (in der Regel) zu gleichen Teilen zwischen dem Überlebenden und den Erben des Verstorbenen dergestalt zu verteilen ist, als wäre es bei Lebzeiten der Gatten wirklich gemeinschaftlich gewesen. Es erzeugt also der Gütergemeinschaftsvertrag auf den Todesfall einen erst im Momente der Eheauflösung entstehenden Anspruch auf Vergemeinschaftlichung und sofortige Teilung des in diesem Zeitpunkte noch vorhandenen, erst jetzt zur juristischen Einheits=masse sich zusammenschließenden Gemeinschaftsvermögens. Die G.G. auf den Todesfall bezweckt die Versorgung des überlebenden Gatten, ist aber keine Schenkung und enthält auch weder Erbeinsetzung noch Vermächtnis. Aus dem Bemerkten folgt, daß ein solcher G.G.=Vertrag während der Ehe (in der Regel) gar keine Rechtswirkung erzeugt, somit die vermögensrechtliche Stellung der Gatten, sowohl untereinander, als Dritten, insbesondere den Gläubigern gegenüber, nicht verändert. In folgenden Ausnahmsfällen äußert die G.G. auf den Todesfall schon während der Ehe Rechtswirkungen, nämlich: a) wenn ein Gatte in Konkurs verfällt (vgl. S. 39 ff.); b) wenn ein Gatte ein unbewegliches Gut der Gemeinschaft widmet, und auf Grund des Ehepakts und mit Bezugnahme auf die betreffende Stelle desselben zu Gunsten des anderen Gatten Miteigentum (zur Hälfte) intabuliert (oder pränotiert) wird. Dadurch wird für diesen Gatten nicht etwa sofortiges Miteigentum (weder nuda proprietas, noch dominium dormiens), sondern eine als ius quaesitum erscheinende feste Anwartschaft auf künftiges, nämlich im Momente der Eheauflösung sofort (ipso iure) beginnendes Miteigentum (zur Hälfte) begründet. Nach dieser, dem Wesen einer G.G. auf den Todesfall und der Auffassung der Redaktoren entsprechenden Ansicht hat der während der Ehe als Alleineigentümer des Gutes erscheinende Gatte hinsichtlich der dem anderen Gatten vorbehaltenen (ideellen) Gutshälfte, im wesentlichen wie ein Vorerbe (Fiduciarerbe) vor dem Restitutionszeitpunkte, ein zeitlich und darum inhaltlich beschränktes Eigentum, welches praktisch auf einen ususfructus hinausläuft und einseitige Verfügungen (Veräußerung, Belastung), den Bestand der Anwartschaft vorausgesetzt, auch nur mit zeitlich beschränkter Wirkung zuläßt. Allgemeinen Grundsätzen gemäß kann eine im Sinne des § 1236 vorgenommene Intabulation, welche auch auf der G.G. gewidmete intabulierte Forderungen analoge Anwendung findet, ältere verbücherte Rechte nicht beeinträchtigen.

B) Unter Ehegatten kann auch eine G.G. unter Lebenden (materielle G.G.) begründet werden, auf welche die Grundsätze des 27. und des 16. Hauptst. (nicht §§ 1233—1236) Anwendung finden. (Vgl. hiemit dtsch. B.G.B. §§ 1437—1557.) Daraus ergibt sich, daß intentionsgemäß in der Regel erst bei Auflösung der Ehe die Teilung des Gemeinschaftsvermögens begehrt werden kann; a) bei allgemeiner G.G. ist grundsätzlich, von ausgeschiedenen oder gesetzlich ausgeschlossenen Vermögensbestandteilen abgesehen, das ganze gegenwärtige wie künftige Aktiv= wie Passivvermögen gemeinschaftlich. (Nach d. dtsch. B.G.B. § 1438 gilt Miteigentum zur gesamten Hand.) In der Abschließung eines solchen Gemeinschaftsvertrages ist die Ermächtigung und zugleich die Erklärung jedes Gatten enthalten, nicht nur für sich, sondern auch für den anderen Gatten zu erwerben und sich durch Rechtsgeschäfte zu verpflichten. Somit sind die Grundsätze der Stellvertretung anzuwenden und werden daher Schulden aus Delikten und Zuständen nicht von selbst ge=

meinschaftlich. Die Gemeinschaftlichkeit der Rechte und Schulden hindert, von der beabsichtigten Begründung eines Sondergutes abgesehen, den Abschluß von obligatorischen Verträgen zwischen den Gatten; b) bei partikulärer G.G., welche Schuldverträge zwischen den Gatten nicht hindert, sind die eben bezeichneten Grundsätze auf das gemeinschaftliche Aktivvermögen sinngemäß anzuwenden. Die Schulden sind principiell Sonderschulden; und nur die zum Besten des Gemeinschaftsvermögens gemachten, sowie die gemeinschaftlich eingegangenen Schulden sind Socialschulden, bei welchen somit Exekution auch auf einzelne Objekte des Gemeinschaftsvermögens zulässig ist.

3. Abschnitt. Modifikationen des Güterrechtes während des Bestandes der Ehe.

§ 48. I. Durch Vertrag.

Ogonowski, S. 161, 162, 414—416: S. 291—295. — Anders, Familienr., § 35 u. d. Litt. das.

Es ist eine Frage der Gesetzesinterpretation, ob und inwieweit die ehegüterrechtlichen Normen durch Privatwillen modifiziert werden können. (Das dtsch. B.G.B. zieht der Vertragsfreiheit sehr weite Schranken; selbst die gesetzlichen Güterrechtssysteme sind dispositives Recht; vgl. insbes. §§ 1432, 1436.) Für das öst. R. gilt als Regel, daß die Normen des gewillkürten Güterrechtes dispositive, jene des gesetzlichen Güterrechtes dagegen großenteils absolute Natur haben. Insbesondere könnte der Mann durch Vertrag nicht von der Verpflichtung befreit werden, seiner Gattin wenigstens den ihr mangelnden notwendigen Unterhalt zu leisten. Die ehegüterrechtlichen Formvorschriften (insbes. des Ges. v. 1871) sind ohne Zweifel strenge zwingendes Recht. Auf dem Gebiete des gewillkürten Güterrechtes ergeben sich Schranken der Vertragsfreiheit schon aus allgemeinen Rechtsgrundsätzen. So insbesondere: jeder dem Wesen eines erwiesenermaßen beabsichtigten ehegüterrechtlichen Verhältnisses widerstreitende Vertrag ist ungültig; die Parteien können einen Vertrag nicht zum Ehepakt machen, dem die wesentlichen Merkmale eines solchen fehlen; erworbene Rechte können ohne Zustimmung des Berechtigten durch Willensdispositionen Dritter nicht beeinträchtigt werden; jeder ist berechtigt, seiner Liberalität beliebige Schranken zu setzen. Die zuletzt genannten zwei Grundsätze sind namentlich für das Dotalverhältnis zu verwerten.

§ 49. II. Durch Scheidung von Tisch und Bett

(§§ 93, 1263, 1264, 103, 105, 106, 108, 117, 110; Hfd. v. 23. August 1819, J.G.S. 1595, u. v. 4. Mai 1841, J.G.S. 531).

Ogonowski, S. 416 ff. — Anders, Familienr., § 36 u. d. Litt. das. — Krainz-Pfaff, §§ 432, 438, 440, 447 u. d. in § 440 cit. Litt. — Stubenrauch, ad §§ 105, 106, 1263, 1264. — Hussarek, Alimentation, S. 102 ff. — Neumann-Ettenreich i. d. Ger.-Ztg. 1895, Nr. 20. — Ofner, Prot. I. S. 127; II. S. 346, 508; S. 148—151, 573.

a) Die außergerichtliche Scheidung hat auch auf ehegüterrechtlichem Gebiete grundsätzlich nur faktische Bedeutung (vgl. S. 19, 20). Eigenmächtige Aufhebung der ehelichen Gemeinschaft durch die nicht gefährdete Gattin hebt ihren Unterhaltsanspruch gänzlich auf, während eigenmächtige Aufhebung durch den Mann dessen Unterhaltspflicht nicht berührt.

b) Gerichtliche Scheidung. Durch diese werden grundsätzlich alle dem gesetzlichen Güterrechte angehörenden Wirkungen der Ehe aufgehoben, welche sich auf die eheliche Gemeinschaft (Hausgemeinschaft) gründen. Für die gesetzliche Unterhaltspflicht und die sonstigen einer vertragsmäßigen Regelung fähigen Verhältnisse, insbesondere für die Ehepakten, ist zwischen einverständlicher und uneinverständlicher Scheidung zu unterscheiden.

a) Die einverständliche Sch. darf der Richter nur dann bewilligen, wenn die Gatten

zu gerichtlichem Protokoll erklären (nach der Ansicht Mancher nachweisen), daß sie ihre güter=
rechtlichen Verhältnisse, namentlich die Unterhaltsfrage (letztere innerhalb der oben in § 48
bezeichneten Schranken) durch Übereinkommen geordnet haben, zu welchem nicht eigenberechtigte
Gatten der Mitwirkung ihres gesetzlichen Vertreters und der Zustimmung des vormundschaft=
lichen Gerichtes bedürfen. b) Uneinverständliche Scheidung. 1. Diese hebt den gesetz=
lichen Unterhaltsanspruch der Frau ipso facto nur dann auf, wenn sie allein an
der Scheidung die Schuld trägt (vgl. dtsch. B.G.B. §§ 1586, 1578). In diesem Falle
gebührt der Frau nicht einmal der notwendige Unterhalt. Ist beiderseitiges Verschulden
vorhanden, so kann der Richter mit Rücksicht auf die Beschaffenheit des konkreten Falles
den Mann ausnahmsweise zur Leistung des anständigen Unterhaltes verhalten. Dem schuld=
losen Manne steht ein gesetzlicher Unterhaltsanspruch gegen die Frau niemals zu (anders
dtsch. B.G.B. §§ 1586, 1578). Der schuldlosen Gattin steht der Anspruch auf den
anständigen Unterhalt zu, neben dem Rechte, die Aufhebung oder Fortsetzung der Ehe=
pakten zu verlangen. Nur könnte sie den ersteren (wie auch die Protokolle beweisen) nicht
doppelt, nämlich ex lege und auf Grund der Ehepakten beanspruchen (§ 1264: „oder"
und „nach Umständen"). Haben die Gatten die Unterhaltsfrage durch einen stets zu ver=
suchenden Vergleich, durch welchen jedoch der Mann von der Pflicht zur Leistung des not=
wendigen Unterhaltes an die schuldlose Gattin nicht entbunden werden könnte, geregelt, so
ist dieser Vergleich maßgebend. 2. Ehepakte. In Ermanglung eines über dieselben
zustande gekommenen, stets anzustrebenden Vergleiches ist im Falle beiderseitiger Schuld
oder Schuldlosigkeit jeder Teil, sonst aber nur der schuldlose Gatte, befugt, die Auf=
hebung der Ehepakten mittelst Klage zu begehren. Wird die Aufhebung bewilligt, so
hören die Ehepakten ex nunc zu bestehen auf. Zugleich ist aber das zur Zeit ihres Ab=
schlusses vorhandene Rechtsverhältnis wieder herzustellen. Trotz einseitiger Schuld der
Gattin kann dieselbe die Abnahme der dem Manne ehepaktenmäßig eingeräumten Ver=
waltung verlangen (arg. § 1241, 1. S.).

Die Wiedervereinigung (gerichtlich) geschiedener Gatten hat, wenn die Anzeige
an das Scheidungsgericht unterbleibt, bloß faktische Bedeutung. Im Falle solcher Anzeige
nimmt das gesetzliche Güterrecht wieder seine normale Gestalt an; die etwa aufgehobenen
Ehepakten aber leben nicht von selbst wieder auf.

§ 50. III. Durch Konkurs

(§§ 1260—1262; Konk.=Ordg. v. 25. Dez. 1868).

Ullmann in Grünhuts Ztschr. IV (1877). S. 91 ff. — Ogonowski, S. 426 ff. — Anders,
§ 37 u. d. Litt. das. — Krainz=Pfaff, §§ 438, 440, 446, 447. — Stubenrauch, ad §§ 1260
—1262. — Sponner i. d. Ger.=Ztg. 1896, Nr. 32, 33. — Schwarz, Das öst. Konkursrecht,
Bd. I (1894). S. 173 ff. — Ofner, Prot. II. S. 148—150, 572—573.

Durch die Eröffnung des Konkurses über das Vermögen eines Gatten verliert dieser
die Dispositionsbefugnis über sein zur Konkursmasse gehörendes Vermögen, welches nunmehr
den Gläubigern als Befriedigungsobjekt zu dienen hat. Regel ist, daß die ehegüterrecht=
lichen Ansprüche des einen Gatten im Konkurse des anderen nur nach Maßgabe der
Bestimmungen der Konkurs=Ordg. geltend gemacht werden können. Im Falle der
pfandrechtlichen Sicherstellung eines solchen Anspruches hat der berechtigte Gatte die Rechts=
stellung eines Realgläubigers.

A) Gesetzliches Güterrecht.

Die Verabfolgung des der Frau gesetzlich gebührenden Unterhaltes aus der
Konkursmasse des Mannes setzt die Zustimmung der hiedurch geschädigten Gläubiger voraus.
Der Konkurs der Frau berührt dagegen ihren Unterhaltsanspruch nicht. Die vom Manne
auf Grund des Gesetzes geführte Verwaltung hört durch den K. der Frau auf, endigt
dagegen im K. des Mannes erst durch den Einspruch der Gattin, in beiden Fällen mit

Vorbehalt der bezogenen Nutzungen. Die ehegüterrechtlichen **Vermutungen** werden durch den K. nicht berührt.

B) **Ehepakten. I. Konkurs des Ehemannes.**

Abweichend vom früheren öst. R. hat die K.O. v. 1868, um die Gläubiger vor Gefährdung zu schützen, die Gattin im Konkurse des Mannes grundsätzlich den anderen Gläubigern gleichgestellt. (Anders zum Teil das Handelsrecht, vgl. das.)

1. **Heiratsgut.** a) Ist der **Mann Fruchtnießer** der dos, die Frau Eigentümerin, so kann die Frau zwar nicht die Herausgabe, wohl aber die **Sicherstellung** für den Fall der Auflösung der Ehe, und im Falle der Einbeziehung der dos in die Konkursmasse, als Vindikantin die Ausscheidung der dos begehren. Der **Genuß** der dos fällt in die Konkursmasse, gebührt jedoch, u. zw. vor allen Gläubigern, vom Tage der Konkurseröffnung an der Gattin, falls kein Witwengehalt bedungen ist oder dieser wegen Unzulänglichkeit der Masse nicht ausgefolgt werden kann und die Frau die Insolvenz des Mannes nicht verschuldet hat. — b) Ist der **Mann Eigentümer** der dos, so hat die Frau ein in die Klasse der Gemeingläubiger (3. Kl.) fallendes **Forderungsrecht** und einen **gesetzlichen Anspruch auf Sicherstellung** desselben für den Fall der Eheauflösung. Der Genuß des Forderungsbetrages gebührt der Frau unter den sub a erwähnten Voraussetzungen, falls die Gläubiger der dritten Klasse zur Befriedigung gelangen.

2. **Widerlage, Witwengehalt und Morgengabe** sind als **Schenkungen** in die **fünfte Klasse** einzureihen. In Bezug auf die Widerlage hat die Frau das Recht auf Sicherstellung für den Fall der Auflösung der Ehe durch den Tod des Mannes. Der Witwengehalt gebührt der Frau, falls sie die Insolvenz des Mannes nicht verschuldete und die Schenkungen zur Befriedigung gelangen, vom Tage der Konkurseröffnung an.

3. **Fruchtnießung auf den Todesfall.** Wenn sie als Vermächtnis erscheint, kann der Konkurs dessen Vereitelung bewirken; das durch Intabulation begründete „dingliche Recht" (§ 1256) aber bleibt unberührt.

4. Dem Manne kann die durch Ehepakt eingeräumte Verwaltung der parapherna, unbeschadet des damit verbundenen lucrum, auf Antrag der Frau abgenommen werden (arg. § 1241, 1. S.).

II. **Konkurs der Ehefrau.**

In diesem Falle „bleiben die **Ehepakten unverändert**", d. h. die Gläubiger der Frau können auf Grund derselben nur die ihr selbst zustehenden Rechte ansprechen. Der Ehemann ist hinsichtlich seiner Ansprüche aus den Ehepakten den übrigen Gläubigern gleichgestellt.

III. **Die eheliche Gütergemeinschaft im Konkurse der Gatten.**

a) **G.G. auf den Todesfall.** Da dieselbe während der Ehe grundsätzlich keine Rechtswirkung hat, so hindert selbst eine allgemeine G.G. die Konkurseröffnung über das gesamte Vermögen jedes Gatten nicht; und es zieht der Konkurs des einen Gatten jenen des anderen Gatten nicht notwendig nach sich (vgl. § 1262 „oder"). Wohl aber hat der K. des einen Gatten im Interesse seiner Gläubiger notwendig die Wirkung, daß das **Gemeinschaftsvermögen wie beim Tode** (somit nach § 1235) **geteilt werden muß**. (Also kein Wahlrecht im Sinne des § 22 K.O.) Diese Teilung könnte sogar zur Verarmung des nicht überschuldeten Gatten führen, ist aber den beiderseitigen Gläubigern unnachteilig. Im Falle des § 1236 verwandelt sich die Anwartschaft des einen Gatten sofort in volles Miteigentum. b) **G.G. unter Lebenden.** Im Konkursfalle kann Teilung des Gemeinschaftsvermögens begehrt werden (vgl. dtsch. B.G.B. § 1543). Soweit **Schuldengemeinschaft** bestand, kommt nun die Haftung beider Gatten zur Geltung. Der Konkurs des einen Gatten zieht jedoch auch hier den K. des anderen Gatten nicht nach sich.

Das Familienrecht. [I. 5.] 41

II. Teil. Das Ehegüterrecht nach Auflösung der Ehe.
1. Abschnitt. Gesetzliches Güterrecht.
§ 51. A) Auflösung durch den Tod (§§ 796, 1243).

Hofmann, Der Unterhaltsanspruch d. überlebenden Gatten i. Grünh. Ztschr. I. S. 546 ff. — Anders, Familienr., § 38. — Krainz-Pfaff, § 442. — Stubenrauch, ad §§ 796, 1243. — Hussarek, Alimentation, S. 57 ff. — Schiffner, Gesetzliche Vermächtnisse, §§ 30, 33, 34. — Ofner, Prot. I. S. 463—467, 482, 483; II. S. 145.

Hier sind nur die gesetzlichen Unterhaltsansprüche des überlebenden Gatten zu erörtern.

1. Der Anspruch des § 796 auf den anständigen Unterhalt steht jedem Gatten bis zu dessen Wiederverehelichung zu. Voraussetzung ist: Die Fortdauer der Ehe bis zum Tode, sowie daß für den Überlebenden keine (wenngleich nicht genügende) Versorgung bedungen worden sei; und es gebührt der Unterhalt nur dann und insoweit, als dem Gatten der anständige Unterhalt fehlt. Einem aus seinem Verschulden geschiedenen Gatten steht jener Anspruch nicht zu. Dem vom anständigen Unterhalt ausgeschlossenen Gatten gebührt auch der notwendige Unterhalt nicht. Der Anspruch des § 796 ist ein erbrechtlicher i. w. S. mit familienrechtlicher und zwar ehegüterrechtlicher Grundlage und mit obligatorischer Natur, ein sog. gesetzliches Vermächtnis (vgl. das Erbrecht § 4). Er ist aber kein Pflichtteilsanspruch, was auch die Redaktoren energisch betont haben. Daher steht jener Unterhaltsanspruch den eigentlichen Erbschaftsforderungen zwar nach, geht aber den Pflichtteilsansprüchen vor, und es kann der gebührende Unterhaltsbetrag den gesetzlichen Erbteil des Berechtigten auch übersteigen. Zur Deckung des regelmäßig auf Geldleistung gerichteten Anspruchs haben verhältnismäßig sämtliche Erben, nach dem wahrscheinlichen Willen des Erblassers aber auch die Legatare, beizutragen.

2. Der die juristische Natur des oben besprochenen Anspruchs teilende Unterhaltsanspruch des § 1243, welcher deutschrechtlichen Ursprungs ist, steht nur der Witwe zu (vgl. hiemit dtsch. B.G.B. § 1969). Dieser gebührt nämlich noch durch 6 Wochen nach dem Tode des Mannes oder ihrer Entbindung die „gewöhnliche" d. i. die gewohnte, somit auch die Entbindungskosten in sich schließende Verpflegung aus der Verlassenschaft. Den der Witwe ausgesetzten Witwengehalt kann sie nach freier Wahl nach der eben bezeichneten Verpflegung oder sogleich, dann aber nicht neben dieser letzteren, in Anspruch nehmen. Als ehegüterrechtlicher Anspruch obligatorischen Charakters gilt vom Alimentationsanspruch des § 1243 dasselbe, wie vom Anspruch des § 796. Die Unterschiede zwischen dem Unterhaltsanspruch des § 796 und jenem des § 1243 betreffen das berechtigte Subjekt, die Voraussetzungen, den Umfang und die Dauer des Anspruchs.

§ 52. B) Auflösung der Ehe durch Trennung (§ 1266).

Anders, Familienr., S. 160, 161 u. d. Litt. das. — Stubenrauch, ad § 117. — Ofner, Prot. II. S. 148—151, 573.

Von dem Momente der erkannten Trennung an nehmen die gesetzlichen ehegüterrechtlichen Wirkungen der Ehe, weil eine solche nicht mehr besteht, ihr Ende. Doch hat im Falle uneinverständlicher Trennung der schuldige Gatte dem schuldlosen „volle Genugthuung" (§ 1323) zu leisten. Daher ist der allein schuldtragende Mann und sein Erbe verpflichtet, der getrennten Gattin bis zu ihrer Wiederverehelichung den Unterhalt als lucrum cessans im gleichen Umfange in Geld zu leisten, in welchem er bei fortbauernder Ehe zu verabfolgen wäre (vgl. dtsch. B.G.B. §§ 1578, 1581—1583).

2. Abschnitt. Gewillkürtes Güterrecht (Ehepakte).
A) Auflösung der Ehe durch den Tod.
§ 53. I. Heiratsgut (§§ 1229, 669, 1245).

Anders, Familienr., § 39 u. d. Litt. daf. — Krainz-Pfaff, § 438 u. d. Litt. daf., § 520 3. 4. — Stubenrauch, ad § 1229, 1245. — Unger, Erbr., § 75. — Ogonowski, S. 283—295. — Pfaff-Hofmann, Komm., II. ad § 669. — Geller, i. d. Ger.-Halle, 1882, Nr. 17—23. — Roztocil i. d. Not.-Ztg. 1894 Nr. 34. — Schiffner, Vermächtnisvertrag, § 5. — Ofner, Prot. II. S. 143, 148; I. S. 400.

Mit der Auflösung der Ehe hat die dos ihren Zweck, zur Erleichterung der Ehelast während der Ehe zu dienen, erfüllt. Bezüglich der weiteren rechtlichen Schicksale gilt die Regel: die dos ist vom Manne oder seinen Erben herauszugeben.

1. Der Rückforderungsberechtigte.

Ohne Rücksicht auf die Person des Bestellers gilt die Dispositivnorm: wird die Ehe durch den Tod des Mannes aufgelöst, so fällt die dos an die Gattin; stirbt diese vor erfolgter Restitution, so ist die dos den Erben der Frau herauszugeben.

Diese Regel kann modifiziert werden: a) durch Vertrag. Wurde die dos von der Frau aus Eigenem bestellt, so kann sie nach freier Willkür, im Falle der Nichteigenberechtigung mit vormundschaftlicher Bewilligung bestimmen, wem die dos zufallen solle, also auch den Mann und seine Erben von der Restitution befreien (pactum de lucranda dote). Der dritte freiwillige Besteller kann vor, wie bei der Bestellung, nicht aber später, beliebig bestimmen, ob und an wen die dos herauszugeben sei. (Der Schlußsatz des § 1229 denkt, wie die Protokolle beweisen, nur an den Gegensatz zum dotierungspflichtigen Besteller.) Der dotierungspflichtige Besteller kann innerhalb der Grenzen seiner Pflicht die Regel des § 1229 zum Nachteile der Frau oder ihrer Erben nur mit Einwilligung der Frau modifizieren; b) durch Vermächtnis. Dieses kann sein: ein Forderungsvermächtnis (leg. nominis § 664), wenn der Rückforderungsberechtigte seinen Anspruch einem Dritten vermacht; — oder ein Legat der Schuldbefreiung (leg. liberationis, § 663), wenn jener die dos dem Restitutionspflichtigen vermacht; — oder endlich ein Schuldvermächtnis (leg. debiti, §§ 665, 669), welches den Legatar vom Beweise der Illation befreit und selbst dann zu entrichten ist, wenn der Erblasser das von ihm angegebene Vermächtnisobjekt fälschlich als dos bezeichnet hat.

2. Zeitpunkt der Herausgabe (§ 1229).

Begrifflich und gesetzlich ist der Restitutionsanspruch ein betagter, dessen Fälligkeit, wenn nicht ein anderer Zeitpunkt vertragsmäßig oder letztwillig bestimmt wird, ausnahmslos (anders röm. Recht) im Momente der Auflösung der Ehe eintritt, sodaß von da an die Herausgabe sogleich, d. i. „ohne unnötigen Aufschub" (§ 904), begehrt werden kann. Der dritte freiwillige Besteller hat vor, wie bei der Bestellung auch bezüglich der Restitutionszeit freie Hand (trotz des irreführenden § 1229 i. f., wie auch die Protokolle beweisen).

3. Gegenstand der Herausgabe.

a) Bezüglich der Herausgabe der Hauptsache gilt als leitender Grundsatz: herauszugeben ist, was als dos empfangen wurde oder sein Wert. Die Durchführung dieser Regel hängt ab von der Beschaffenheit des Dotalobjektes und dem Rechte des Mannes an demselben. War der Mann Usufruktuar, so gelten die Grundsätze des ususfructus. Hatte der Mann die dos zu Eigentum (vollem Rechte) erworben, so ist im Falle einer dos venditionis causa aestimata die Schätzungssumme (als Kaufpreis) zu leisten (§ 1228). Von diesem Falle abgesehen entscheidet die Beschaffenheit des Objektes. Sind vertretbare oder verbrauchbare Sachen Dotalobjekt, so ist ihr Wert herauszugeben (arg. § 510). Alle übrigen Sachen sind individuell zurückzugeben. Sind dingliche Nutzungsrechte oder Lasten zur Dosbestellung verwendet worden, so muß der dem Manne zugewendete Rechtsvorteil dem Rückforderungsberechtigten nach Möglichkeit zugewendet werden. Im Falle einer cessio dotis causa hängt die Gestaltung der Restitution von dem realisierten Forderungsobjekte und dem Rechte daran ab. Ist die Forderung noch nicht realisiert, so hat der Rückforderungsberechtigte, wenn er der Schuldner ist, nur auf Befreiung Anspruch; in anderen Fällen muß ersterem die Forderung cediert werden. Im Falle eines Schulderlasses dotis causa gilt die Schuld durch den Mann oder seine Erben als bis zum Restitutionstermin gestundet. Verschuldete Unmöglichkeit der Restitution verpflichtet dieselben zu Schadenersatz nach den allgemeinen Grundsätzen.

b) **Mit dem Kapital der dos muß alles aus demselben Gewonnene, soweit es nicht Frucht ist**, insbesondere also der Zuwachs, herausgegeben werden. In Ansehung der Civilfrüchte gilt § 519. Diese Verteilung ist auch auf die Naturalfrüchte anzuwenden, wenn der Mann Eigentümer der dos wurde, während er als bloßer Usufruktuar derselben grundsätzlich nur die stehenden Früchte zu restituieren hat (§ 519).

4. Natur des Anspruchs auf Herausgabe und Gegenansprüche.

Jener Anspruch ist stets, und in manchen Fällen nur ein **obligatorischer**, der sich auf den Ehepakt und in der Regel auch auf die gesetzliche Norm des § 1229 gründet. Als Eigentümer der Dotalsachen hat der Rückforderungsberechtigte auch einen **dinglichen Anspruch** (Vindikationsanspruch). Im Falle eines legatum nominis oder debiti (vgl. das Erbrecht) hat der Rückforderungsberechtigte die Legatsklage, und ist im Falle eines leg. debiti von dem Beweise der Illation (bezw. Bestellung) der dos befreit (arg. § 669). **Gegenansprüche** können sich für den Restitutionspflichtigen ergeben aus Verwendungen (Impensen), sowie im Falle der Restitution von Früchten aus Kulturkosten. Regelmäßig hat der Mann in Bezug auf solche Ansprüche, auch hinsichtlich der Art ihrer Geltendmachung, die **Rechtsstellung eines Usufruktuars**. Gegenansprüche sind ausgeschlossen, wenn der Mann die zu Eigentum erworbenen Dotalsachen selbst nicht zu restituieren hat (vgl. § 1227, 2. S.) oder die dos vom Restitutionspflichtigen dem Rückforderungsberechtigten vermacht wurde (leg. debiti, § 669).

5. Sicherstellung des Restitutionsanspruchs (§ 1245).

Von der dem röm. und älteren öst. Recht eigenen intensiven Sicherstellung durch privilegiertes gesetzliches Pfandrecht am ehemännlichen Vermögen ist im geltenden öst. Recht seit dem Jos. G.B. nur mehr ein **gesetzlicher Sicherstellungsanspruch** (Pfandrechtstitel) übrig geblieben. Verpflichtet zu einer angemessenen (§ 1374) nach § 1373 zu leistenden Sicherstellung, welche den Beweis der Illation der dos voraussetzt und nur **bei Bestellung** der dos, später nur im Falle bescheinigter Gefahr gefordert werden kann, ist nur der Mann. Der (verzichtbare) Sicherstellungsanspruch steht dem Besteller, aber auch dem Rückempfänger der dos als solchem zu. Die gesetzlichen Vertreter einer nicht eigenberechtigten Frau sind verpflichtet, die Sicherstellung zu fordern und können dieselbe ohne gerichtliche Genehmigung nicht erlassen. Der Erlaß der Frau berührt den Sicherstellungsanspruch des dritten Bestellers nicht; wohl aber kann der dritte freiwillige Besteller vor wie bei der Bestellung durch Erlaß auch den Sicherstellungsanspruch der Frau aufheben.

§ 54. II. Widerlage (§§ 1230, 1245).

Anders, Familienr., § 40. — Schiffner, Vermächtnisvertrag, § 5. — Ofner, Prot. II. S. 143, 144, 148, 430, 572. — Vgl. auch die Litt.-Citate zu § 41, 42.

Aus Wesen und Zweck derselben folgt: durch den früheren Tod der Frau wird die Widerlage wirkungslos; im Falle des Überlebens der Frau dagegen kann, wenn nicht ein anderer Zeitpunkt festgesetzt wurde, die Herausgabe der Widerlage regelmäßig „sogleich"

(§ 904) und ohne den Beweis der Illation der dos gefordert werden, gleichviel, ob die dos der Witwe zufällt oder nicht. Der Anspruch auf Herausgabe der Widerlage ist in der Regel ein obligatorischer und gründet sich auf den Ehepakt und § 1230. Im Falle der Bestellung der Widerlage durch Legat hat die Frau die Legatsklage. Wurde die Frau als bedingte Eigentümerin intabuliert (vgl. oben § 41), so steht ihr die Eigentumsklage zu. Auf den der Frau zustehenden gesetzlichen Sicherstellungsanspruch findet das hinsichtlich der dos bemerkte sinngemäße Anwendung. Die Witwe erhält die Widerlage zum „freien" Eigentum, d. i. zu vollem, zeitlich unbeschränktem Rechte.

§ 55. III. Witwengehalt (§§ 1242, 1244, 1245).

Anders, Familienr., S. 169. — Schiffner, Verm.-Vertr., § 5. — Vgl. auch die Litt.-Citate zu § 43.

Die Frau hat nur im Falle des früheren Todes des Mannes, in diesem Falle aber, wenn nicht ein anderer Termin bestimmt ist, von jenem Zeitpunkte an einen obligatorischen Anspruch auf Leistung des Witwengehalts, grundsätzlich auf 3 Monate vorhinein (Ausnahme von § 1418). Die Erben der Witwe können, wenn sie auch nur den Beginn jener 3 Monate erlebt, den auf die ganze Frist entfallenden rückständigen Witwengehalt fordern (arg. § 687). Der Witwengehalt ist seinem Zwecke gemäß höchstpersönlich und erlischt durch die Wiederverehelichung der Witwe. Letztere hätte also in diesem Falle den bereits erhaltenen, aber der Zeit nach der Wiederverehelichung entsprechenden Witwengehalt zurückzuerstatten (arg. § 1335). Auf den der Witwe in Bezug auf den Witwengehalt zustehenden gesetzlichen Sicherstellungsanspruch findet das hinsichtlich der Sicherstellung der dos und Widerlage bemerkte sinngemäße Anwendung.

§ 56. IV. Fruchtnießung auf den Todesfall (Advitalitätsrecht) (§§ 1255—1258).

Anders, Familienr., S. 170. — Vgl. auch d. Litt.-Citate zu § 44.

Der Advitalitätsberechtigte befindet sich regelmäßig in der Rechtsstellung eines mit einem ususfructus bedachten Legatars. Im speciellen Falle des § 1256 kann der Berechtigte den ususfructus sogleich nach dem Tode des anderen Gatten mittelst a. confessoria geltend machen. Im Falle der Wiederverehelichung des Berechtigten haben die Kinder des verstorbenen Gatten das Recht, die Überlassung der Fruchtnießung gegen einen angemessenen (im Streitfalle vom Richter zu bestimmenden) jährlichen Betrag zu verlangen. Das Gleiche gilt, wenn der Berechtigte den ususfructus einem Dritten abtreten will. Das auf den ganzen Nachlaß oder auf eine Nachlaßquote sich beziehende Advitalitätsrecht unterliegt der Einrechnung in den gesetzlichen Erbteil des Berechtigten (vgl. § 758) nicht. Vielmehr hat letzterer nur die Wahl zwischen dem Advitalitätsrecht und dem gesetzlichen Erbteil.

§ 57. V. Morgengabe.

Der Anspruch auf Leistung der versprochenen Morgengabe ist aktiv und passiv vererblich (arg. § 918). Wird die Ehe vor dem ersten Morgen derselben durch den Tod gelöst, so wird das Versprechen der Morgengabe wirkungslos, weil der mit der Eheschließung entstandene Leistungsanspruch nicht mehr fällig werden kann (vgl. oben § 45). Die Vermutung des § 1232 gilt auch zu Gunsten bezw. zu Lasten der Erben.

§ 58. VI. Gütergemeinschaft (§§ 1234, 1235).

Anders, Familienr., S. 171, 172. — Krainz-Pfaff, § 446. — Stubenrauch, ad § 1235. — Ofner, Prot. II. S. 141. — Vgl. auch die Litt.-Citate zu § 47.

a) G.G. auf den Todesfall. Aus dem (oben § 47 Z. 3) Bemerkten folgt, daß das der Gemeinschaft gewidmete, im Zeitpunkte des Todes eines Gatten noch vorhandene Vermögen nach dem Princip der Halbteilung, so als wäre es bereits während der Ehe gemeinschaftlich gewesen, zur Teilung gelangt. (Das Princip der Halbteilung gilt auch nach dem dtsch. B.G.B., vgl. §§ 1476, 1546, 1549.) Die eine Hälfte fällt somit dem Überlebenden, die andere den Erben des verstorbenen Gatten als Nachlaß zu. Bei **allgemeiner G.G.** sind somit auch alle Schulden so zu behandeln, als wären sie gemeinschaftlich, bei **partikulärer G.G.** aber gilt dies nur von den zum Nutzen des Gemeinschaftsvermögens verwendeten Schulden. Diese Behandlung der Schulden betrifft jedoch nur das Verhältnis des einen Gatten zu den Erben des andern; jenes zu den Gläubigern dagegen bleibt unberührt. Denn die als gemeinschaftlich zu behandelnden Schulden sind „vor der Teilung" abzuziehen, sodaß nicht auch eine Verteilung der Schulden stattfindet. Es wird somit aus der Gemeinschaftsmasse das zur Deckung dieser Schulden Erforderliche ausgeschieden und nur der verbleibende Aktivrest der Teilung zugeführt. Diese Ausscheidung stellt sich, falls das Ausgeschiedene nicht sofort zur Tilgung der Schulden verwendet wird, als eine bloß rechnungsmäßige dar. (Über den Fall des § 1236 vgl. S. 37.)

b) Die G.G. unter Lebenden hört in der Regel mit dem Tode des einen Gatten auf und das Gemeinschaftsvermögen ist nach den Grundsätzen des 27. und 16. Hptst. zu verteilen. (Nach dem dtsch. B.G.B. findet im Falle der Auflösung der Ehe durch den Tod unter Umständen schon kraft gesetzlicher Bestimmung fortgesetzte Gütergemeinschaft statt: vgl. §§ 1483 ff. und hiemit § 1557.)

§ 59. B. Auflösung der Ehe durch Trennung (§ 1266).

Anders, Familienr., § 41 u. d. Litt. das. — Krainz-Pfaff, § 447. — Stubenrauch, ad § 1266. — Ofner, Prot. II. S. 148—151, 573.

Ist diese eine einverständliche oder haben bei uneinverständlicher Trennung beide Teile dieselbe verschuldet, so „erlöschen" die Ehepakten, in Ermangelung eines Vergleiches, von dem Zeitpunkte der erkannten Trennung an (ex nunc) für beide Gatten. Die Wirkung der Erlöschung ist dieselbe wie jene der „Aufhebung" im Falle der Scheidung (vgl. oben § 49). Ist bei uneinverständlicher Trennung ein Teil schuldlos, so soll er möglichst vollständig entschädigt werden. Daher hat er nicht nur Anspruch auf „volle Genugthuung" (vgl. § 1323), sondern er soll hinsichtlich der Ehepakten von der rechtskräftig erkannten Trennung an so gestellt sein, als wäre die Ehe durch den Tod gelöst worden; nur sein Advitalitätsrecht, sowie sein Recht aus einem Erbvertrag, bleibt ihm für den Fall seines Überlebens gewahrt. Der schuldtragende Gatte dagegen verliert seine ehepaktenmäßigen Ansprüche gänzlich. Das einer Gütergemeinschaft auf den Todesfall oder inter vivos gewidmete Vermögen wird im Falle einer uneinverständlichen Trennung wie beim Tode geteilt.

§ 60. Anhang. Ehegüterrechtliche Folgen der Wiederverehelichung.

Anders, Familienr., § 42 u. d. Litt. das. — Stubenrauch, ad §§ 120, 121. — Unger, Erbr., § 5, Anm. 4. — Pfaff-Hofmann, Exkurse üb. öst. allg. bürg. Recht, II. S. 13 u. d. Litt. das. — Ofner, Prot. I. S. 84, 136—138; II. S. 342, 349, 510.

Vermögensrechtliche Folgen der Wiederverehelichung im Sinne sog. poenae secundarum nuptiarum des röm. Rechts sind dem öst. Recht fremd. Gewisse gesetzliche (ehegüterrechtliche) Rechtsnachteile ergeben sich aus den bisherigen Erörterungen zu §§ 796, 1243, 1244 und 1257; vgl. auch oben §§ 32 und 52. — Vermögensrechtliche Nachteile treten, wie nach röm. Recht, für die Frau ein, wenn sie während der Wartezeit eine neue Ehe schließt (§§ 120, 121). Die Frau verliert nämlich alle, aber auch nur jene Vorteile, welche ihr durch eine während des Bestandes der früheren gültigen oder Scheinehe oder bei (nicht auch nach) ihrer Aufhebung getroffenen Willensdisposition des vorigen Mannes zugewendet wurden. Die Durchführung dieses Principes gestaltet sich verschieden, je nachdem die erste Ehe nichtig erklärt oder durch den Tod oder durch Trennung gelöst wurde. Bereits empfangene Vorteile verwirkt die Frau zu Gunsten jener Personen, welche diese Vorteile erhalten oder behalten hätten, wenn die Frau hinsichtlich des Erwerbes niemals in Betracht gekommen wäre. Betrifft der Verlust erbrechtliche Vorteile (Erbfolge, Vermächtnis), so liegt ein Erbunwürdigkeits= oder Indignitätsfall im techn. Sinne vor (vgl. das Erbrecht § 8).

II. Teil. Das Rechtsverhältnis zwischen Eltern und Kindern. (Eltern- und Kindesrecht.)

§ 61. Einleitung.

Anders, Familienr., S. 176—232. — Krainz=Pfaff, II. §§ 448—464. — Stubenrauch, Komm. zum a. b. G.B., I. T., 3. Hptst. — Vgl. auch die Kommentare von Zeiller, Nippel, Winiwarter, Kirchstetter (5. Aufl.). — Ofner, Prot. I. S. 123, 140—172, 184, 193—200, 210; II. S. 9—11, 57, 171 ff., 351—357, 362, 363, 401, 511—513, 515, 520, 555.

Diese im a. b. G.B. ex professo im 3. Hptst. d. 1. Tls. §§ 137—186 behandelte Abteilung des Familienrechts betrifft das Rechtsverhältnis zwischen leiblichen — nämlich ehelich geborenen, legitimierten, sowie unehelichen — Kindern und ihren Eltern, sodann die künstlichen Nachbildungen dieses Verhältnisses, nämlich die Annahme an Kindesstatt (Adoption) und die Übernahme in die Pflege.

Das Eltern= und Kindesrecht des öst. R. beruht im wesentlichen auf deutsch=rechtlicher Grundlage. Daher ist der Unterschied vom röm. R. ein umfassender und tiefgehender. So ist die väterliche Gewalt deutschrechtlich gestaltet; und es wird demgemäß diese letztere als eine Art Vormundschaft aufgefaßt, die sich übrigens mit der Vormundschaft im technischen Sinne nicht deckt. Auch ist nach öst. R. — im Gegensatze zum röm. R. — die Mutter mit einer beschränkten Gewalt in Ansehung ihrer Kinder ausgestattet, so daß dem öst. R. der Begriff einer elterlichen Gewalt eigen ist. Noch um einen Schritt weiter geht das dtsch. B.G.B. (vgl. §§ 1626 ff.), welches von dem Begriffe der mit vormundschaftlichem Charakter ausgestatteten elterlichen Gewalt seinen Ausgang nimmt und nur von einer weitreichenden elterlichen (nicht väterlichen) Gewalt des Vaters (§§ 1627 ff.) und der mehr subsidiären, an mannigfache Beschränkungen gebundenen, elterlichen Gewalt der Mutter spricht (§§ 1684 ff.).

1. Abschnitt. Das Rechtsverhältnis zwischen ehelichen Kindern und Eltern.

§ 62. 1. Kapitel. Begründung desselben

(§§ 137, 138, 155—159, 121; Hfd. v. 15. Juni 1835 J.G.S. 39).

Fuchs, Die Rechtsvermutung d. ehelichen Vaterschaft, 1880. — Zima, Darstellung d. Rechtsverhältnisses zw. ehelichen Eltern und Kindern, 1830, S. 5—46. — Anders, Familienr., § 44 u. d. Litt. das. — Krainz=Pfaff, §§ 449—451 u. d. Litt. das. — Stubenrauch, ad §§ 138, 155—159. — Ofner, Prot. I. S. 123, 140, 152, 153; II. 351—353, 511.

Begründungsthatsache ist die eheliche Geburt. Ehelich geboren ist nach öst. R. jenes Kind, welches während des Bestandes oder nach Auflösung einer gültigen Ehe von der Gattin geboren und von deren Ehemann erzeugt worden ist. Die Schwierigkeit des Beweises der Zeugung durch den Ehemann drängt zu einer Rechtsvermutung der Ehelichkeit. Im Anschlusse an die Erfahrung und an das röm. R. bestimmt daher das öst. R.: ein Kind, welches nach Ablauf des 6. Monats (180 Tage) nach Eingehung der Ehe und vor Ablauf des 10. Monats (300 Tage) nach „Auflösung" der (gültigen) Ehe, d. i. Endigung der Ehe durch Tod (inkl. Todeserklärung), Trennung, aber auch gerichtliche Scheidung, von der Gattin geboren wird, gilt als ehelich geboren (ähnlich dtsch. B.G.B. §§ 1591, 1592). Bei Beantwortung der Ehelichkeitsfrage ist daher vor allem entscheidend, ob das Kind innerhalb oder außerhalb des erwähnten Zeitraumes geboren wurde.

A) Wurde das Kind innerhalb des im § 138 bezeichneten Zeitraumes geboren, so kann die präsumtive Ehelichkeit des Kindes im Prozeßwege, u. zw. sowohl durch Klage — sog. Illegitimitäts= oder Paternitätsbestreitungsklage —, als durch Einrede bestritten werden; eine Bestreitung, welcher, wie die Redaktoren selbst erklärt haben, zur Begünstigung der Ehelichkeit sehr enge Schranken gezogen sind. (Vgl. hiezu dsch. B.G.B. §§ 1593 ff., in welchem die gleiche Tendenz hervortritt, das aber in der Einschränkung der Anfechtung noch weiter geht als das öst. R.) Anfechtungsgegner ist der Vormund oder Kurator des Kindes, dieses selbst im Falle seiner Eigenberechtigung, in der Regel ein curator ad actum. Bei Lebzeiten des Ehemannes ist nur er, im Falle seiner Willensunfähigkeit sein Kurator bestreitungsberechtigt. Nach dem Tode des Mannes sind nur jene Erben desselben, welche an der Unehelicherklärung ein vermögensrechtliches Interesse haben, niemals aber die Mutter, anfechtungsberechtigt. Das Bestreitungsrecht erlischt durch die Anerkennung der Ehelichkeit seitens des Berechtigten, sowie durch Ablauf einer Präklusivfrist von 3 Monaten (= 90 Tage). Diese läuft für den Ehemann von der erlangten Kenntnis der Geburt des Kindes, für die Erben vom gleichen Zeitpunkte an, wenn die Geburt nach dem Tode des Mannes erfolgte, sonst aber von dessen Tode an. Die Unehelichkeit des Kindes gilt als bewiesen, wenn der Beweis erbracht wird, daß dasselbe unmöglich von dem Ehemanne erzeugt sein könne (ebenso dtsch. B.G.B. § 1591). Ob dieser Beweis erbracht sei, hat der Richter nach dem Grundsatze der freien Beweiswürdigung zu beurteilen, im Sinne der erwähnten Tendenz aber einen strengen Beweis zu fordern. Principiell sind alle civilprozessualen Beweismittel zulässig, also auch der Sachverständigenbeweis (aus dem Reifegrade des Kindes), sowie die Parteienvernehmung. Nach der Natur der Sache genügt der bloße Nachweis eines Ehebruchs der Mutter, sowie deren Geständnis, daß das Kind unehelich sei, für sich allein zum Beweise der Unehelichkeit nicht. Das im Illegitimitätsprozesse erflossene Urteil hat absolute Wirkung und zieht die Richtigstellung der Geburtsregister nach sich.

B) Wird ein Kind außerhalb des gesetzlichen Zeitraumes (§ 138) geboren, so hat jeder, der die Ehelichkeit des Kindes behauptet, dieselbe nachzuweisen. Eine Unehelichkeitsvermutung liegt aber nicht vor, sondern nur das Fehlen der Ehelichkeitsvermutung. (Anders §§ 155, 156 und die Redaktoren.)

1. Wird das Kind vor Ablauf von 6 Monaten nach der Eheschließung geboren, so ist dasselbe als unehelich zu behandeln, wenn der Ehemann, dem die Schwangerschaft der Gattin bei Eingehung der Ehe nicht bekannt war und der seine Vaterschaft nicht schon anerkannt hat, innerhalb einer Präklusivfrist von 3 Monaten nach erlangter Kenntnis von der Geburt des Kindes die Vaterschaft mittelst gerichtlicher Protestation (gerichtlichen Widerspruchs) ablehnt. Findet dieser letztere statt, so setzt der zulässige Beweis der Ehelichkeit des Kindes die Anstellung der Vaterschafts= (Paternitäts=) klage voraus. Dieser Beweis kann nur geführt werden durch den Nachweis der Beiwohnung des Mannes innerhalb der kritischen Zeit (§ 163), sowie durch Kunstverständige (aus der Unreife des Kindes). Die (sub A bezeichneten) Erben des Mannes können innerhalb der für sie geltenden Präklusivfrist die Ehelichkeit eines vor dem 181. Tage der Ehe geborenen Kindes im Wege der Klage (oder Einrede) bestreiten (arg. a maiori ad minus aus § 159).

2. Wird ein Kind nach Ablauf des 10. Monats nach Auflösung der Ehe oder (gerichtlicher) Scheidung geboren, so ist die behauptete Ehelichkeit des Kindes nach Anstellung der Paternitätsklage durch Kunstverständige (aus dem Reifegrad des Kindes) oder im Falle der Scheidung durch den Nachweis der Wiederaufnahme der ehelichen Gemeinschaft oder der Beiwohnung des Ehemannes innerhalb der kritischen Zeit (§ 163) zu beweisen.

Die sub A und B erörterten Grundsätze gelten auch dann, wenn von einer Frau, die vor Ablauf der Wartezeit eine neue Ehe schließt, ein Kind geboren wird. Erfolgt jedoch die Geburt vor Ablauf des 10. Monats nach Auflösung der ersten Ehe und nach Ablauf von 6 Monaten nach Eingehung der zweiten Ehe, so besteht die Vermutung sowohl für die Zeugung durch den ersten, als durch den zweiten Mann; und es ist in diesem Falle dem Kinde zur Vertretung seiner Rechte gegen den ersten Mann ein Kurator zu bestellen. (Eine andere Behandlung dieses Falles enthält das dtsch. B.G.B. § 1600.)

2. Kapitel. Wirkungen des Rechtsverhältnisses zwischen ehelichen Kindern und Eltern.

§ 63. **A) Rechtswirkungen hinsichtlich beider Elternteile. Elterliche Gewalt**

(§§ 139, 140—145, 154, 218, 221, 672, 795; 166, 220, 792, 1220).

Zima, l. c. S. 46—190. — Anders, Familienr., § 45 u. d. Litt. das. — Krainz=Pfaff, §§ 27, 455, 458 u. d. Litt. das. — Stubenrauch, ad §§ 139—154; 218; 243—248; 865, 866; 271, 272, 1034. — Pfaff, Gutachten üb. d. elterliche Gewalt, i. d. Verhandlungen des XIX. deutsch. Juristentags II. S. 153—219. — Finger i. d. Jurist. Bl. 1888, Nr. 6—9. — Hussarek, Die familienrechtliche Alimentation, 1893. — Lößl i. d. Jurist. Bl. 1892, Nr. 39—45, u. i. d. Ger.=Halle 1897, Nr. 50. — Schuster, H. M., i. d. Jurist. Bl. 1883, Nr. 30, 31. — Larcher i. d. Jurist. Bl. 1882, Nr. 29. — Eisenbach, i. d. Prager Jur. V.J.Schr. 1889, S. 198 ff. — Krasnopolski, i. Grünh. Ztschr. XIV. S. 324 ff. — Hussarek i. Grünh. Ztschr., Bd. 23 (1896). S. 601 ff. — Hiller i. d. Ger.=Halle 1897, Nr. 15. — Groß, C., im Öst. Staatswörterb. hg. v. Mischler u. Ulbrich, II. S. 1008. — v. Mahl=Schedl, ebendas. II. S. 378 ff. — Ofner, Prot. I. S. 140 bis 144; 147, 151, 152, 162, 184; II. S. 351—353, 134, 135; I. 143—151, 193—198, 210; II. S. 352, 353, 362, 511, 515, 520; I. 9—11, 401, 555; II. S. 57, 171 ff. —

1. Der Inbegriff der den Eltern hinsichtlich ihrer Kinder zustehenden gesetzlichen (Familien=) Rechte, welche den Eltern als Mittel zur Erfüllung ihrer Erziehungspflicht eingeräumt sind, ist die elterliche Gewalt (vgl. § 1495 u. dtsch. B.G.B. §§ 1626 ff.). Diese somit als Schutzverhältnis erscheinende Familiengewalt schließt Recht und Pflicht der Eltern zu einverständlicher Leitung der Handlungen der Kinder in sich. In Kollisions= fällen entscheidet der gesetzmäßige, unnachteilige Wille des Vaters (arg. §§ 91, 92, ebenso dtsch. B.G.B. § 1634). Dem Leitungsrechte der Eltern entspricht die (jedoch nicht unbedingte, vgl. § 178) Gehorsamspflicht der Kinder. Als Familiengewalt schließt die elterliche Gewalt das Recht zur Selbstvollziehung der gegebenen Befehle in sich, welches insbesondere in einer beschränkten, durch die öffentlichen Behörden unterstützten Zuchtgewalt hervor= tritt (vgl. § 178, allg. Str.G. §§ 413—416, 525; vgl. auch dtsch. B.G.B. § 1631). In der elterlichen Gewalt und dem natürlichen Pietätsverhältnis des Kindes wurzelt dessen nicht bloß sittliche Verpflichtung zur Ehrfurcht gegen seine Eltern. Der rechtliche Charakter dieser Pflicht tritt im Civil= wie im Strafrechte hervor (vgl. §§ 145, 768, 1222, 1231, allg. Str.G. § 525). — Als Folge der elterlichen Gewalt erscheint Recht und Pflicht der Kinder zur Hausgemeinschaft mit den Eltern (sog. Kindesfolge), welche durch das Kind und gegen dasselbe, sowie gegen jeden Dritten, der das Kind unbefugt den Eltern vorenthält, gerichtlich erzwungen werden kann (vgl. dtsch. B.G.B. §§ 11, 1632). Die Kindes= folge ist übrigens an analoge Schranken gebunden, wie die eheliche Folge (vgl. oben § 21).

2. Die beiden Elternteilen obliegende, gerichtlich erzwingbare Erziehungspflicht (vgl. dtsch. G.B. §§ 1631, 1634) betrifft die Fürsorge für die gesamte physische wie geistige (moralische wie intellektuelle) Entwicklung. Die unmittelbare Fürsorge für das physische Wohl des Kindes ist vornehmlich Pflicht der Mutter, die intellektuelle Ausbildung dagegen, namentlich für den künftigen Beruf, vorzüglich Pflicht des Vaters. Die religiöse Erziehung und der Unterricht wird durch besondere (ins Verwaltungsrecht gehörende) Vorschriften ge= regelt (vgl. die Ausgabe des a. b. G.B. von Manz=Schey ad §§ 139, 140). — Im Falle der Ehescheidung oder =Trennung hat das Gericht sofort wie auch später von Amtswegen, ohne Gestattung eines Rechtsstreites, hinsichtlich der Erziehung der Kinder die für das Wohl derselben angemessenste Verfügung zu treffen, hiebei aber vor allem das in diesem Sinne getroffene Übereinkommen der Eltern zu berücksichtigen und subsidiär die specielle Vorschrift des § 142 durchzuführen (vgl. dtsch. B.G.B. §§ 1635—1637). Erziehungs= recht und =Pflicht der Eltern hören spätestens mit der Volljährigkeit des Kindes auf. Die freie Wahl des Religionsbekenntnisses steht aber dem Kinde mit Beginn des 15. Lebens= jahres zu (§ 4 d. Ges. v. 25. Mai 1868, R.G.B. 49). Ist der Vater nicht mehr am Leben, an der Erziehung dauernd behindert oder aus rechtlichen Gründen von derselben ausgeschlossen,

so hat die Mutter als solche, wenn nicht das Wohl des Kindes entgegensteht, unter vormundschaftlicher Kontrolle die Erziehung zu besorgen. (Nach dem dtsch. B.G.B. kommt in solchen Fällen die elterliche Gewalt der Mutter zur Geltung, welcher jedoch unter Umständen ein „Beistand" als Hilfs= und Kontrollorgan beigegeben wird, vgl. §§ 1684 ff.) In Ermanglung der Mutter sind die väterlichen Großeltern und nach diesen die mütterlichen Großeltern als solche zur Erziehung verpflichtet.

3. Die Eltern trifft die primär sittliche Pflicht, ihren ehelichen Kindern den anständigen Unterhalt, d. i. (i. e. S.) das zur Befriedigung der physischen Lebensbedürfnisse Erforderliche (auch Verpflegung) zu verschaffen (ebenso dtsch. B.G.B. §§ 1601, 1610, vgl. jedoch § 1611). Das im Streitfalle vom Richter zu bestimmende Maß des, nach Verschiedenheit der konkreten Sachlage, in natura oder in Geld zu leistenden Unterhaltes (vgl. dtsch. B.G.B. § 1612) richtet sich vor allem nach der socialen Stellung (Stand) des Berechtigten und dem Vermögen des Verpflichteten. Die Unterhaltspflicht setzt hinreichendes Vermögen des Verpflichteten und Mangel der Fähigkeit standesgemäßer Selbsterhaltung auf seite des Berechtigten voraus. Bei vorhandenem Kapitalvermögen des Berechtigten könnte dessen Anspruch nur aktuell werden, wenn die Vermögenseinkünfte zur Deckung des standesgemäßen Unterhaltes nicht genügen. Die Unterhaltspflicht ist also eine subsidiäre (ebenso dtsch. G.B. §§ 1602, 1603). Sie erlischt, ohne Rücksicht auf ein bestimmtes Alter des Kindes, im allgemeinen durch den Wegfall einer ihrer Voraussetzungen, insbesondere also durch den Erwerb eines solchen Vermögens, wie auch durch die vom Kinde erlangte Fähigkeit standesgemäßer Selbsterhaltung, mit deren Wegfall die Pflicht wieder auflebt (vgl. dtsch. B.G.B. § 1602). Unbegründetes Verlassen des elterlichen Hauses (nach Manchen auch unwürdiges Benehmen des Kindes) hebt den normalen Unterhaltsanspruch auf, der als höchstpersönlicher Anspruch mit dem Tode des Berechtigten erlischt (ebenso dtsch. B.G.B. § 1615). Scheidung und Trennung der Eltern vermag nur den modus der Erfüllung der Unterhaltspflicht zu berühren, welche überdies unabhängig ist von Recht und Pflicht zur Erziehung. Gesetzlich alimentationspflichtig sind in abstracto (insbesondere wegen der Gleichheit des Grundes) alle Ascendenten, nicht auch Seitenverwandte, nicht aber grundsätzlich alle Ascendenten gleichzeitig (in concreto), sondern in bestimmter Reihenfolge (ebenso dtsch. B.G.B. § 1601). Der nach letzterer entferntere Ascendent ist nur subsidiär, nämlich nur dann verpflichtet, wenn der nähere nicht mehr lebt, oder wenn und insoweit der nähere zur Leistung des standesgemäßen Unterhaltes unvermögend ist. Es können also auch mehrere in abstracto Verpflichtete zugleich in concreto verpflichtet sein. Der entferntere Ascendent ist nach dem Tode des näheren nicht als Erbe, sondern als Ascendent verpflichtet; es liegt somit Devolution, nicht Vererbung der Pflicht vor. Die gesetzliche Reihenfolge der Devolution ist: in erster Linie ist der Vater, nach diesem die Mutter, sodann sind die Großeltern von der väterlichen und nach diesen jene von der mütterlichen Seite, stets aber der Großvater vor der Großmutter des betreffenden Großelternpaares verpflichtet (teilweise anders dtsch. B.G.B. §§ 1606, 1607). Für den Umfang der Unterhaltspflicht der Großeltern bildet der Stand der Eltern die Maximalgrenze. Die Erfüllung der gesetzlichen Unterhaltspflicht begründet, wie im Falle der Leistung von Unterhalt animo donandi, keinen Ersatzanspruch der Eltern gegen das Kind. Alimentation des Kindes seitens eines Nichtverpflichteten kann einen Ersatzanspruch gegen den Verpflichteten gemäß § 1042 zur Folge haben. Wie nach röm. und dtsch. Recht sind auch nach öst. Recht die Descendenten verpflichtet, ihren Ascendenten, gleichviel welchen Grades, den ihnen mangelnden anständigen Unterhalt zu leisten (ebenso dtsch. B.G.B. § 1601 ff). Die für die Unterhaltspflicht der Ascendenten geltenden Grundsätze finden auf jene der Descendenten sinngemäße Anwendung. Auf die Verpflichtung mehrerer Descendenten gleichen Grades sind, im Hinblick auf Natur und Voraussetzungen der Unterhaltspflicht, die Grundsätze der Korrealität wohl nicht anwendbar; ebensowenig auf die Berechtigung mehrerer nebeneinander Berechtigter. In solchen Fällen muß individualisiert werden nach Leistungsfähigkeit und Bedürfnis. Hat ein Unterhaltsberechtigter sowohl Ascendenten als Descendenten, so geht wohl die Alimentationspflicht der Ascendenten jener der Descendenten, Beiden aber jene des Ehemannes der Gattin gegenüber, vor (größtenteils abweichend dtsch. B.G.B. §§ 1606—1609).

4. Nach Analogie der elterlichen Alimentationspflicht ist auch die subsidiäre Verpflichtung sämtlicher Ascendenten zu standesgemäßer Versorgung (i. techn. S.) zu behandeln, d. i. jener Aufwand, durch welchen das Kind in eine materiell gesicherte Lebenslage versetzt wird, z. B. das zum Antritte eines Amtes Gegebene. Der Versorgungsanspruch entsteht erst im Bedarfsfalle, welcher sodann auch für das Ausmaß entscheidet. Unter den Gesichtspunkt der elterlichen Versorgungspflicht fällt auch die elterliche Dotations- und Ausstattungspflicht (vgl. oben §§ 39 und 42 u. dtsch. B.G.B. §§ 1620—1625).

Erziehungs-, Unterhalts- und Versorgungspflicht wurzeln in dem zwischen Eltern und Kind bestehenden Verwandtschaftsverhältnis. Verträge können diese Verpflichtungen zum Nachteile des Berechtigten nicht modifizieren, namentlich den Anspruch auf standesgemäße Erziehung, Alimentation und Versorgung nicht verkürzen (arg. § 170).

Andere als die erörterten Wirkungen des in Frage stehenden Verhältnisses sind nicht im materiellen Civilrechte oder doch passender an anderer Stelle desselben zu behandeln. Vgl. das Eherecht, Vormundschaftsrecht, Erbrecht, die Lehre von der Verjährung und Ersitzung, sowie das Anfechtungsrecht u. s. w.

§ 64. B) Rechtswirkungen hinsichtlich des Vaters. Väterliche Gewalt.

Derselbe Gedanke, auf welchem die ehemännliche Gewalt beruht, führt auch zu einem Übergewicht des Vaters in der Rechtsstellung der Eltern den Kindern gegenüber. Der Inbegriff der an diese bevorzugte Rechtsstellung geknüpften Rechte des Vaters ist die väterliche Gewalt (patria potestas § 147). In bewußter Abweichung vom röm. R. hat schon das ältere öst. R. diese dem Großvater nicht zustehende Gewalt, deutschrechtlicher Anschauung folgend, als ein dem Wohle des Kindes dienendes Schutzverhältnis, als eine Art Vormundschaft, aufgefaßt (ebenso die elterliche Gewalt des Vaters nach b. dtsch. B.G.B. §§ 1627 ff.).

1. Die persönlichen Verhältnisse.

a) Der Vater ist berechtigt wie verpflichtet, den künftigen „Stand", d. i. Lebensberuf des Kindes zu wählen und dasselbe für den gewählten Beruf zu erziehen. Nach zurückgelegtem 14. Lebensjahre kann jedoch das Kind gegen jene Standeswahl Einsprache erheben, worüber nötigenfalls das Gericht, u. z. im außerstreitigen Verfahren zu entscheiden hat (§ 148). Auch nach erreichter Mündigkeit bedarf das Kind der väterlichen Einwilligung zum Eintritte in gewisse militärische Stellungen, sowie in die Finanzwache, zur freiwilligen Quittierung der Offizierscharge und zum Eintritte in einen geistlichen Orden (vgl. Manz-Schey ad § 148). b) An die väterliche Zustimmung ist weiter gebunden: die Eheschließung des minderjährigen Kindes, die Adoption desselben, die Verlängerung der väterlichen Gewalt über die Großjährigkeit hinaus, sowie (in der Regel) die Entlassung aus der väterlichen Gewalt vor erlangter Großjährigkeit. c) Der Vater ist zur letztwilligen Ernennung eines Vormundes, sowie zur Ausschließung einer bestimmten Person von der Vormundschaft berechtigt (vgl. S. 65, 66). Über Recht und Pflicht des Vaters zur Vertretung des Kindes vgl. S. 52. Nach außen hin tritt die bevorzugte Rechtsstellung des Vaters in persönlicher Beziehung namentlich darin hervor, daß das Kind des väterlichen Familiennamens (ebenso dtsch. B.G.B. § 1616), des (vererblichen) Adels samt Wappen, sowie der nicht höchst persönlichen Rechte des Standes und der Familie des Vaters teilhaftig wird (§ 146). (Andere Wirkungen sind hier nicht zu erwähnen.)

2. Die vermögensrechtlichen Verhältnisse.
(§§ 149—152, 243, 244, 246, 247, 865, 1034, 271, 272).

Das öst. R. hat die vermögensrechtliche Stellung des in väterlicher Gewalt stehenden Kindes wesentlich deutschrechtlich gestaltet. Zwar haben die Redaktoren an das röm. Peculienrecht angeknüpft, zugleich aber die principielle Abweichung von letzterem scharf betont. Wiederholt wurde der Grundsatz eingeschärft: die vermögensrechtliche Stellung des Kindes ist die gleiche, es mag unter väterlicher Gewalt oder Vormundschaft stehen (vgl. § 152). Dieser **überwiegend vormundschaftliche Charakter** der väterlichen Gewalt (ebenso dtsch. B.G.B.) gelangt bereits in dem allgemeinen Princip zum Ausdruck: alles was das Kind gesetzmäßig (von wem immer) erwirbt, ist **sein Eigentum** (§ 149). Doch steht dem Vater die **Verwaltung** des Kindesvermögens zu (ebenso dtsch. B.G.B. §§ 1627, 1638), es wäre denn, daß er von derselben schon gesetzlich — nämlich hinsichtlich des sog. freien Kindesvermögens (vgl. w. u.), sowie gemäß §§ 176—178 — oder durch Verfügung desjenigen, der dem Kinde das Vermögen zuwendet, von der Verwaltung als ausgeschlossen erscheint (vgl. dtsch. B.G.B. §§ 1638, 1639, 1628, 1629). Als Verwalter des Kindesvermögens hat der Vater grundsätzlich **dieselbe Rechtsstellung wie ein Vormund** (Kurator) (vgl. das Vormundschaftsr., insbef. § 233). Verbleibt von den etwaigen Einkünften des Kindesvermögens nach Bestreitung der Erziehungs=(Unterhalts=)Kosten ein Überschuß, so kann das Gericht, abweichend von den für die vormundschaftliche Verwaltung geltenden Grundsätzen, den Vater, wenn dieser Überschuß „gering ist" (d. i. — nach Erklärung der Redaktoren — keinesfalls größer als die jährlichen Erziehungskosten), von dessen Anlegung und Verrechnung entbinden und denselben dem Vater zur freien Verfügung überlassen (vgl. § 150 mit § 238). An dem Gedanken strenge festhaltend, daß die väterliche Gewalt lediglich im Interesse des Kindes besteht, hat das geltende öst. R., und zwar seit dem Jahre 1786 — abweichend vom früheren öst. und vom dtsch. R. —, dem Vater ein **gesetzliches Nießbrauchsrecht** an dem von ihm verwalteten Kindesvermögen grundsätzlich **abgesprochen**. Den entgegengesetzten Grundsatz enthält das dtsch. B.G.B. (vgl. §§ 1649 ff.). Usufruktuar ist jedoch der Vater in Bezug auf den ihm gemäß § 149 zur freien Verfügung überlassenen geringen Überschuß. Auch kann dem Vater derjenige, welcher dem Kinde Vermögensobjekte zuwendet, den usufructus daran einräumen. Ein solcher von einem Dritten zugestandener usufructus vermag aber den standesgemäßen Unterhalt des Kindes nicht zu schmälern; eine Norm, die von den Redaktoren — unrichtiger Weise — auf den vermutlichen Willen des Zuwendenden zurückgeführt wurde. Nur im Falle anderweitiger Deckung des standesgemäßen Unterhaltes also ist der usufructus des Vaters nicht beschränkt und können dessen Gläubiger, auch im Konkurse, auf die Einkünfte Exekution führen. Der ratio legis entsprechend gilt die eben erörterte Norm auch dann, wenn der usufructus einem anderen (gesetzlich) Unterhaltspflichtigen eingeräumt wurde.

Schon kraft gesetzlicher Bestimmung sind gewisse Bestandteile des Kindesvermögens sog. **freies**, d. i. der väterlichen Verwaltung nicht unterliegendes (nach dem dtsch. B.G.B. §§ 1650 ff. von der väterlichen Nutznießung ausgeschlossenes) Vermögen, nämlich: a) was ein außerhalb der gesetzlichen Verpflegung stehendes, mindestens 7 jähriges Kind auf erlaubte Art durch seinen **Fleiß** erwirbt (§ 246 1. S. gilt auch hier); b) jene Sachen, die dem mündigen Kinde zum **Gebrauche** übergeben werden; c) der nach Deckung des standesgemäßen Unterhalts verbleibende, vom Gerichte einem **20 jährigen** Kinde zur eigenen Verwaltung anvertraute **Rest der Einkünfte** seines Vermögens (arg. § 247 in Vbdg. mit § 152, wie auch die Protokolle beweisen).

Die grundsätzliche Gleichstellung der väterlichen und vormundschaftlichen Gewalt in vermögensrechtlicher Beziehung ist auch hinsichtlich der vermögensrechtlichen **Handlungs= bezw. Dispositionsfähigkeit** der in väterlicher Gewalt stehenden Kinder durchgeführt und von den Redaktoren wiederholt eingeschärft worden (vgl. daher das Vormundschaftsrecht, auch dtsch. B.G.B. §§ 106 ff.). Hinsichtlich des **freien Kindesvermögens** hat das Kind die **Geschäftsfähigkeit eines Eigenberechtigten**. Willensdispositionen des Kindes, welche dieses Vermögen betreffen, sind jedoch nur innerhalb der Grenzen desselben gültig; und es kann daher auch nur dieses Vermögen von den Gläubigern in Exekution gezogen werden (vgl. Exek.Odg. v. 1896, § 39 Z. 3, auch § 2 der Civ.Pr.Odg. v. 1895). Die Zuerkennung der vollen Verfügungsfreiheit in Ansehung des freien Vermögens bezweckt (auch nach der Erklärung der Redaktoren) die Vorbereitung zur späteren selbständigen Vermögensverwaltung, sowie die Aneiferung zur Arbeit und schließt, zum Teil schon infolge der Art des freien Vermögens, sodann aber wegen der mit der väterlichen Gewalt verbundenen Rechte, eine ernstliche Gefahr des Mißbrauchs der Dispositionsfreiheit nicht in sich. — Die Testier= und die civilrechtliche Deliktsfähigkeit werden durch die väterliche Gewalt nicht berührt. —

Der Vater ist kraft gesetzlicher Bestimmung zur gerichtlichen und außergerichtlichen Vertretung des in seiner Gewalt befindlichen Kindes berechtigt wie verpflichtet (ebenso dtsch. B.G.B. § 1630, vgl. §§ 1633, 1634, 1641, 1696). Auch in dieser Beziehung, sowie hinsichtlich der Mitwirkung des Vaters bei Rechtsgeschäften des Kindes, ist letzterer grundsätzlich einem Vormunde gleichgestellt (vgl. daher das Vormundschaftsrecht, ebenso b. dtsch. B.G.B.; vgl. insbes. §§ 1642 ff.). Aus der vermögensrechtlichen Stellung des Hauskindes folgt die Möglichkeit eines gültigen Abschlußes von Rechtsgeschäften zwischen Eltern und Kind. Nur bedarf es zum Schutze des Kindes wegen der vorhandenen Interessenkollision in diesem Falle, wie auch, wenn Rechtsstreitigkeiten zwischen Eltern und Kind oder zwischen mehreren derselben Gewalt unterstehenden Minderjährigen vorfallen, der Ernennung eines curator ad actum durch das Gericht. (Diese Auslegung der §§ 271, 272 wird auch durch die Red.=Protokolle bestätigt.) Vom Kinde Dritten gegenüber selbständig vorgenommene Rechtsakte können den Vater nur nach den allgemeinen Grundsätzen, insbesondere jenen der Stellvertretung, berechtigen oder verpflichten.

§ 65. 3. Kapitel. Endigung der elterlichen und insbesondere der väterlichen Gewalt.

(§§ 172—178, 187; 250, 252, 260; Pat. v. 9. Aug. 1854, §§ 184, 260; Hfd. v. 15. Juni 1835, J.G.S. 38; Just.M.E. v. 19. März 1860, Z. 2712; Just.M.Vdg. v. 10. Nov. 1893, Z. 19462, Nr. 31 Vdg.Bl.; allg. Str.G.B. §§ 414—416.)

Zima, l. c. S. 191 ff. — Anders, Familienr., § 47 u. d. Litt. das. — Krainz=Pfaff, §§ 461, 462. — Stubenrauch, ad §§ 21, 172—178, 250—252. — Graf Chorinsky, Das Vormundschaftsrecht Niederösterreichs, 1878, S. 34 ff., S. 390 ff. — Benedikt i. d. Not.=Ztg. 1884, Nr. 34. — Ploo i. d. Prager Mitteilungen 1882, S. 40 ff. — Frankl i. d. Prager V.J.Schr. 1888, S. 170 ff. — Ofner, Prot. I. S. 163—165, 148, 199, 200, 203, 204; II. S. 357, 515; 362—364, 515.

Als ein dem Wohle des Kindes dienendes Schutzverhältnis hat die väterliche Gewalt ganz oder teilweise aufzuhören, wenn die Schutzbedürftigkeit des Kindes hinwegfällt, wenn der Vater demselben die pflichtgemäße Fürsorge nicht zu gewähren vermag oder das Kind durch das pflichtwidrige Verhalten des Vaters gefährdet erscheint. (Die gleichen leitenden Gedanken treten auch im dtsch. B.G.B. hinsichtlich der Endigung der elterlichen Gewalt hervor, vgl. insbes. §§ 2—5, §§ 1665 ff., § 1697.) In jenen Fällen, in welchen mit dem Aufhören der väterlichen Gewalt das Kind eigenberechtigt wird, muß aus Rücksichten der Verkehrssicherheit jene Endigung nach außen hin möglichst scharf hervortreten. Aus diesen Erwägungen erklärt sich, daß dem Gerichte in Ansehung der Endigung der väterlichen Gewalt eine weitgehende Ingerenz eingeräumt werden muß. Auch in dieser Beziehung tritt der vormundschaftliche Charakter der väterlichen Gewalt stark hervor; nur spielt hier der väterliche Wille eine größere Rolle, als jener des Vormundes. Die Normen, welche die Endigung der väterlichen Gewalt, mit welcher häufig die elterliche Gewalt überhaupt aufhört, regeln, beruhen vorwiegend auf deutschrechtlicher Grundlage.

Die einzelnen Endigungsgründe der väterlichen Gewalt sind:

A) naturgemäß der Tod des Vaters wie des Kindes (vgl. dtsch. B.G.B. §§ 1679, 1683); B) ipso jure und unabweislich erlischt die väterliche Gewalt gänzlich durch die Groß= oder Volljährigkeit (Majorennität) des Kindes, d. i. — seit dem Pat. vom 12. April 1753 — mit dem Beginne des 25. Lebensjahres (nach dem dtsch. B.G.B. § 2 mit der Vollendung des 21. Lebensjahres). Doch kann das Gericht auf Ansuchen des Vaters, nicht auch von Amtswegen oder gegen dessen Willen, die Verlängerung der väterlichen Gewalt bewilligen, wenn das Wohl des Kindes oder das öffentliche Interesse jene Fortdauer als dringend geboten erscheinen läßt. (Das G.B. verlangt ganz allgemein „gerechte Ursachen", „wichtige Gründe", zu welchen die Enterbungsgründe nicht gehören und führt einige Beispiele an.) Zum Schutze Dritter ist die Verlängerung der väterlichen Gewalt, welche als solche fortdauert, gerichtlich kundzumachen und dem Notar, in dessen Sprengel die Maßregel vorfällt, zu verständigen. Die verlängerte väterliche Gewalt hört längstens auf mit der auf Ansuchen des Vaters oder Kindes wegen Wegfalls des Grundes der Verlängerung erfolgten gerichtlichen **Enthebung des Vaters**.

C) Vor erreichter Großjährigkeit kann die väterliche Gewalt aufgehoben werden durch ausdrückliche oder stillschweigende Entlassung (Emancipation).

1. Zur **ausdrücklichen Entlassung** sog. **Großjährigkeits- oder Volljährigkeits-** (auch **Majorennitäts-**) **Erklärung**, (Jahrgebung [venia aetatis], „Nachsicht des Alters"), welche die Natur eines negativen Privilegiums hat und das vollendete 20. Lebensjahr nicht notwendig voraussetzt, genügt die väterliche Entlassungs-Erklärung nicht. Diese bedarf vielmehr der gerichtlichen Genehmigung. (Das dtsch. B.G.B. §§ 3, 4, vgl. auch § 5, fordert zu der durch Beschluß des Vormundschaftsgerichtes erfolgenden Volljährigkeitserklärung das vollendete 18. Lebensjahr, Zustimmung des Minderjährigen und in der Regel auch des Trägers der elterlichen Gewalt.) Die Wirkung der Großjährigkeitserklärung beginnt mit der Zustellung der über dieselbe vom Gericht auszufertigenden Amtsurkunde an den Minderjährigen.

2. Dem deutschen Rechte entnommen, aber innerhalb engerer Grenzen anerkannt, ist die **stillschweigende Entlassung** (emancipatio tacita sive juris germanici sive Saxonica), welche nur sehr schwer und namentlich mit Rücksicht auf das bisherige Recht in das G.B. Eingang fand. Ein **Haussohn** (nicht auch eine Tochter), der das 20. Lebensjahr zurückgelegt hat, wird hienach von der väterlichen Gewalt frei, wenn er mit Zustimmung des Vaters eine **selbständige Haushaltung** (separata oeconomia) **führt**. Eine stillschweigende Entlassung aus der väterlichen Gewalt liegt auch dann vor, wenn dem wenngleich noch nicht 20jährigen Hauskinde (Sohn oder Tochter) auf Grund der Zustimmung des Vaters und des vormundschaftlichen Gerichtes die **behördliche Bewilligung zum persönlichen Betriebe eines freien oder konzessionierten Gewerbes** erteilt wird.

In den sub B und C erörterten Fällen wird das Kind, vom Aufhören der väterlichen Gewalt an, von dieser auf Lebenszeit frei und zugleich eigenberechtigt. —

D) **Hemmung der väterlichen Gewalt durch Eintritt des Kindes in eine andere Familiengewalt.** 1. Während nach deutschem Recht die Verehelichung der Tochter die gänzliche und dauernde Erlöschung der väterlichen Gewalt bewirkte, ist nach öst. R. die „eheliche Gemeinschaft" (vgl. § 93) nur **Hemmungsgrund der väterlichen Gewalt nach ihrer persönlichen Seite hin.** In letzterer Beziehung tritt die ehemännliche an die Stelle der väterlichen Gewalt. Nach ihrer vermögensrechtlichen Seite hin dauert dagegen die väterliche Gewalt als **Kuratel** fort. Doch kann letztere dem Ehemanne auf sein Ansuchen vom Gerichte übertragen werden. Aber auch eine solche Übertragung würde nur eine Hemmung der väterlichen Gewalt für die Dauer der Ehe bedeuten (vgl. hierüber dtsch. B.G.B. §§ 1363, 1364, 1633, auch § 1354). 2 Die **Adoption des Kindes** bewirkt, wenn und so lange der Adoptivvater Träger der väterlichen Gewalt ist, die Hemmung der väterlichen Gewalt des ehelichen Vaters (vgl. dtsch. B.G.B. § 1757, 1765).

E) Treten Umstände ein, welche die **Unmöglichkeit pflichtgemäßer Ausübung der väterlichen Gewalt** zur Folge haben (vgl. dtsch. B.G.B. §§ 1665, 1676—1678, auch § 1680): so wird letztere, so lange jene Umstände dauern, gehemmt und für diese Zeit ein Vormund bestellt. An folgende Thatsachen ist schon kraft gesetzlicher Bestimmung diese Wirkung geknüpft, nämlich: a) Kuratelverhängung über den Vater wegen Geisteskrankheit oder Verschwendung; b) eine längere als einjährige Abwesenheit des Vaters, falls sein Aufenthalt unbekannt ist. Ob rechtskräftige Verurteilung des Vaters wegen eines Verbrechens zu einer längeren als einjährigen Kerkerstrafe Hemmung der väterlichen Gewalt bewirke, hat heutzutage der Richter von Fall zu Fall nach seinem Ermessen zu bestimmen (Ges. v. 15. Nov. 1867 R.G.B. 131 § 7 per analogiam). Der in § 176 noch genannte Fall der unbefugten

Auswanderung ist heutzutage wohl nicht mehr praktisch. Fallen diese Hemmungsgründe hinweg, so gelangt die väterliche Gewalt wieder zu voller Wirksamkeit.

F) Im Falle eines **pflichtwidrigen Verhaltens des Vaters** dem Kinde gegenüber ist das Gericht auf Jedermanns Anzeige hin verpflichtet, jene Verfügung zu treffen, welche im Hinblick auf die konkrete Sachlage als die angemessenste erscheint (vgl. dtsch. B.G.B. § 1666—1668, 1670—1673, 1680). Den gänzlichen Verlust der väterlichen Gewalt hat das Gericht auszusprechen, wenn der Vater die Verpflegung und Erziehung des Kindes ganz vernachläßigt. Vorausgesetzt wird hier ein negatives Verhalten. Im Falle eines Mißbrauches der väterlichen Gewalt, welcher nur in einem positiven Verhalten besteht, tritt die gleiche Rechtsfolge nur ein, wenn eine strafrechtlich verpönte Mißhandlung und die in §§ 414 und 415 allg. Str.G.B. bezeichneten Voraussetzungen vorliegen. Je nach dem Inhalte der auf Grund der §§ 177 und 178 getroffenen gerichtlichen Verfügung ist für das Kind, wenn nicht etwa dieselbe die Eigenberechtigung des Kindes bewirkt, durch Bestellung eines Vormundes oder (im Falle der Abnahme der Vermögensverwaltung) eines Kurators Sorge zu tragen (vgl. dtsch. B.G.B. §§ 1773, 1909 u. a.).

§ 66. 2. Abschnitt. Das Rechtsverhältnis zwischen legitimierten Kindern und ihren Eltern.

(§§ 160—162; §§ 752, 756, 763; Pat. v. 9. Aug. 1854, §§ 263—265; kais. Vdg. v. 3. Juni 1858, R.G.B. 92; J.M.E. v. 6. Dez. 1859, Z. 10.)

Anders, Familienr., § 48 u. d. Litt. daf. — Krainz-Pfaff, § 452 u. d. Litt. daf. — Stubenrauch, ad §§ 160—162. — Schimm i. d. Ger.-Ztg. 1894, Nr. 35. — v. Mahl-Schedl im Öst. Staatswörterb. II. S. 710. — Chorinsky, l. c. S. 382 ff. — Ofner, Prot. I. S. 154, 155; II. S. 354, 512.

A) Begriff der Legitimation und Arten derselben.

Es giebt Thatsachen, an welche das Gesetz, und zwar aus Gründen der Billigkeit wie des öffentlichen Wohles, die Wirkung knüpft, daß ein uneheliches Kind die Rechtsstellung eines ehelich geborenen erlangt. In allen solchen Fällen einer, in der Regel nicht vollständigen, rechtlichen Gleichstellung, welche heutzutage für Uneheliche jeder Art gilt, spricht das öst. Recht von Legitimation (früher „Rechtmäßigung"). Dieses Institut wurde dem röm. und kanon. Recht, welchem es seine Ausbildung verdankt, entnommen. (Das dtsch. B.G.B. spricht von Legitimation nur in den Fällen sub I 2 und II.)

I. Unabhängig von dem Willen der Eltern wie des Kindes

kann die Legitimation die (ipso jure und unabweislich) eintretende Rechtsfolge einer ungültigen wie einer gültigen Ehe sein. 1. Der mit legitimierender Wirkung versehene Thatbestand im Falle einer **ungültigen Ehe** kann sein: a) die nachträgliche „Hebung" des Ehehindernisses, d. i (vgl. auch die Protokolle) dessen Wegfall durch faktische Erlöschung oder durch Dispensation. Vorausgesetzt wird das Vorhandensein eines Hindernisses des öffentlichen Rechtes, da bei Hinwegfall eines Privathindernisses nur die Gültigkeit der Ehe ex tunc entschieden ist. Auch darf keine Konvalidation im Sinne des § 88 stattgefunden haben; b) das Vorhandensein einer Putativehe (vgl. dtsch. B.G.B. §§ 1699 ff.). Eine solche liegt vor, wenn wenigstens einem Scheingatten (ebenso in der Regel dtsch. B.G.B. § 1699) die schuldlose Unwissenheit des die Ungültigkeit begründenden Thatbestandes, noch im Momente der Zeugung des Kindes, zu statten kommt. In den Fällen a und b setzt die Legitimation die Geburt des Kindes innerhalb des gesetzlichen Zeitraumes (§ 138) voraus. Die in § 160 enthaltenen Ausnahmen, welche (vgl. die Protokolle) auf beide Legitimationsfälle (a und b) zu beziehen sind, hat die kaif. Vdg. vom 3. Juni 1858 R.G.B. 92 beseitigt und die spätere Ehegesetzgebung (Ges. v. 25. Mai 1868), weil es sich um keine dem 2. Hptst. des a. b. G.B. angehörende Norm handelt, nicht wieder hergestellt.

2. L. als Wirkung einer gültigen Ehe: L. durch nachfolgende Ehe (leg. per subsequens matrimonium) (vgl. dtsch. B.G.B. §§ 1719 ff.). Dieselbe tritt ein, wenn die Eltern eines außer der Ehe erzeugten Kindes nach dessen Geburt miteinander eine gültige Ehe schließen (vgl. dtsch. B.G.B. §§ 1719—1721), vorausgesetzt, daß das Kind zu dieser Zeit noch in die Familie seiner Eltern eintreten kann (vgl. insbes. § 158).

II. L. mit Willen der Eltern und des Kindes: durch Begünstigung des Landesfürsten (leg. per rescriptum principis).

Diese dem justinianischen Rechte entnommene L. (vgl. dtsch. B.G.B. §§ 1723 ff., welches hier von „Ehelichkeitserklärung" spricht) ist ihrem Wesen nach ein Privilegium, dessen Erteilung heutzutage innerhalb der gesetzlichen Schranken von der bloßen Gnade des Kaisers („Landesfürsten") abhängt (vgl. dtsch. B.G.B. §§ 1723, 1732, 1734). Voraussetzung der Erteilung ist das Ansuchen der Eltern des Kindes, namentlich des Vaters (vgl. dtsch. B.G.B. §§ 1723, 1733). Einseitiges Ansuchen der Mutter genügt in der Regel nicht. Weitere Voraussetzung ist die Zustimmung des Kindes und im Falle seiner Nichteigenberechtigung jene des vormundschaftlichen Gerichtes nach Vernehmung des Vormundes (Kurators). (Vgl. dtsch. B.G.B. §§ 1726—1730.)

B) Wirkungen der Legitimation.

1. Die gemäß § 160 legitimierten Kinder sind den ehelich Geborenen grundsätzlich ganz gleichgestellt. Nur für Kinder aus einer Putativehe besteht die Beschränkung, daß sie von der Erwerbung des Vermögens ausgeschlossen sind, welches durch Familienanordnungen (z. B. Familienfideikommisse, Stiftungen) der ehelichen Abstammung besonders vorbehalten ist (vgl. dtsch. B.G.B. §§ 1700 ff.).

2. Die L. durch nachfolgende Ehe hat die Wirkung, daß das legitimierte Kind von dem Zeitpunkte der Eheschließung seiner Eltern an (ex nunc) den ehelich Geborenen vollkommen gleichgestellt wird (ebenso dtsch. B.G.B. § 1719). Diese Wirkung erstreckt sich auch auf die Descendenten des wenngleich vor der Eheschließung seiner Eltern verstorbenen Kindes (ebenso dtsch. B.G.B. § 1722). (Anders noch Pat. v. 22. Februar 1791.) Da per subs. matr. legitimierte Kinder in den Geburtsbüchern als unehelich erscheinen, so hat, auf Grund der nachgewiesenen Verehelichung der Eltern, die politische Behörde die als öffentliche Urkunde erscheinende Berichtigung des Geburtsbuches durch Anmerkung der L. zu veranlassen. (Vgl. die speciellen Vorschriften in Manz=Schey ad § 161.)

3. Die durch Begünstigung des Landesfürsten legitimierten Kinder stehen den ehelich Geborenen niemals vollkommen gleich (anders dtsch. B.G.B. § 1736 ff.). Die vom Tage der landesfürstlichen Entschließung an beginnenden (direkten) Wirkungen einer solchen L., deren Anmerkung im Geburtsbuche auf Veranlassung des Gerichtes durch die politische Behörde zu bewirken ist, können nämlich nur sein: das Kind erhält den Familiennamen des Vaters, seine nicht höchstpersönlichen Standesvorzüge und die Rechte ehelicher Kinder an dem frei vererblichen, somit nicht auch an dem durch Familienordnungen der ehelichen Abstammung vorbehaltenen Vermögen der legitimierten Eltern. Die direkte Wirkung dieser L. ist somit auf das Verhältnis zwischen dem Kinde und den legitimierten Eltern (Vater und Mutter) beschränkt. Vom Inhalte des elterlichen Ansuchens und der landesfürstlichen Entschließung hängt es ab, ob alle oder nur die eine oder die andere der erwähnten Wirkungen eintreten.

§ 67. 3. Abschnitt. Das Rechtsverhältnis zwischen unehelichen Kindern und ihren Eltern

(§§ 155, 163—171, 218, 221, 154).

Anders, Familienr., § 49 u. d. Litt. daſ. — Krainz-Pfaff, §§ 454, 459 u. d. Litt. daſ. — Stubenrauch, ad §§ 155, 163—171, 754, 756 u. d. Litt. daſ. — Perthaler i. d. Ztſchr. f. öſt. Rechts-Gelehrſ. 1843, II. S. 197 ff., 261 ff. — Damianitſch i. Juriſt XIV, S. 498 ff.; — Unger i. d. Ger.-Ztg. 1857, Nr. 135—137. — Pitreich i. d. Ger.-Ztg. 1884, Nr. 73—75. — N—r. i. d. Not.-Ztg. 1877, Nr. 3—5. — Frank, Die Anſprüche d. unehel. Kindes u. d. unehel. Mutter, 1890. — Brunner i. d. Not.-Ztg. 1894, Nr. 31 ff. — Kaſerer i. d. Juriſt. Bl. 1878, Nr. 10—13 (u. i. Sep.-Abdr. 1879). — Reis i. d. Prager B.J.Schr. 1885, S. 86 ff. — Huſſarek, Alimentation. — Löſl i. d. Juriſt. Bl. 1885, Nr. 41, 42; 1892, Nr. 18. — v. Némethy i. d. Ger.-Ztg. 1896, Nr. 4. — Anders i. d. Juriſt. Bl. 1882, Nr. 15—17. — Chorinsky, l. c. S. 379 ff. — Amſchl, i. d. Juriſt. Bl. 1895, Nr. 46, 47. — Ofner, Prot. I. S. 152, 155—162; II. S. 354, 511—513.

I. Als uneheliche (außerehliche) Kinder ſind alle jene anzuſehen, welchen die Vermutung des § 138 nicht zu ſtatten kommt (vgl. jedoch § 156) oder bezüglich welcher dieſelbe geſetzesgemäß entkräftet worden iſt. In der Geſchichte des Rechtes der Unehelichen tritt uns in Öſterreich wie in Deutſchland ſeit der Reception des röm. R. die entſchiedene Tendenz entgegen, die Rechtsſtellung der Unehelichen zu verbeſſern. Schon das Pat. v. 22. Februar 1791 bedeutete in dieſer Beziehung einen Fortſchritt. Das a. b. G.B. aber ſteht, vom geſetzlichen Erbrechte der Unehelichen abgeſehen, im weſentlichen auf dem modernen Standpunkte. Die uneheliche Geburt kann einem Kinde an ſeiner bürgerlichen Achtung und an ſeinem Fortkommen keinen Abbruch thun (§ 162), daher es eine ſogen. legitimatio ad honores s. minus plena heutzutage, übrigens ſchon ſeit dem Hfd. v. 24. Juli 1783 J.G.S. 161, nicht mehr giebt. In familienrechtlicher Beziehung iſt durch geſetzliche Erziehungs-, Unterhalts- und Verſorgungsanſprüche für das Wohl der Unehelichen geſorgt. Doch ſind die letzteren den Ehelichgeborenen nicht gleichgeſtellt (vgl. auch dtſch. B.G.B. §§ 1705 ff.), und ſie ſind, ſoweit das Geſetz keine Ausnahme macht, überhaupt von den Rechten der Familie und der Verwandtſchaft ausgeſchloſſen. Dieſe Grundſätze gelten für Uneheliche aller Art. Die juriſtiſche Grundlage der zwiſchen unehelichen Kindern und ihren Eltern beſtehenden Anſprüche und Verpflichtungen bildet, auch hinſichtlich des Vaters, die auf dem Zeugungsakte beruhende Verwandtſchaft, bezüglich des Vaters insbeſondere die ſog. Vaterſchaft (Paternität). Die Anſicht, welche den Rechtsgrund jener Rechtsbeziehungen in einem Delikte, nämlich dem Beiſchlafe mit der Mutter, erblickt (ſog. Deliktstheorie), findet keinen genügenden Anhaltspunkt im G.B. (namentlich nicht in § 171 und § 1328) und entſpricht auch der Auffaſſung der Redaktoren nicht, welche der Verwandtſchaftstheorie huldigten. Allerdings iſt aber letztere im G.B. nicht rein durchgeführt (vgl. das Folgende sub II).

II. Für die Feſtſtellung der unehelichen Verwandtſchaft, Mutterſchaft wie Vaterſchaft, gelten zum Teil beſondere Normen. Die Feſtſtellung der Mutterſchaft unterliegt den allgemeinen Grundſätzen. Das Tauf- oder Geburtsbuch iſt jedoch bezüglich des Namens der Mutter nur dann beweismachend, wenn die Richtigkeit des eingetragenen Namens auf Verlangen der Mutter durch zwei (qualifizierte) Zeugen oder durch obrigkeitliche Erhebung dargethan wird (vgl. die ſpeciellen Normen in Stubenrauch ad § 164). — Hinſichtlich der Feſtſtellung der Vaterſchaft iſt vor allem entſcheidend, ob der Vater ſeine Vaterſchaft, alſo die Erzeugung durch ihn, freiwillig anerkennt oder nicht. Für die Feſtſtellung der Vaterſchaft durch freiwillige Anerkennung (vgl. dtſch. B.G.B., insbeſ. § 1718) gelten nur dann beſondere Grundſätze, wenn letztere durch das Tauf- oder Geburtsbuch bewieſen werden ſoll. Dieſes beweiſt nämlich die Anerkennung nur dann, wenn die Eintragung des Vaters (als ſolcher) mit deſſen perſönlich erteilter Einwilligung auf Angeben der Mutter erfolgte und vom Seelſorger (bezw. Matrikenführer) mit dem Beiſatz, daß er ihn perſönlich kenne, bezeugt worden iſt (§ 164 und hiezu die ſpeciellen Vorſchriften l. c.). Unterbleibt die freiwillige Anerkennung der Vaterſchaft: ſo kann letztere im Prozeßwege festgestellt werden. Deutschrechtlicher Entwicklung folgend, hat nämlich das öft R. (ebenso dsch. B.G.B.) das sog. **Paternitätssystem** aufgenommen, nach welchem die Klage auf Anerkennung der außerehelichen Vaterschaft, sog. **Vaterschaft- oder Paternitätsklage** (a. de filiatione) zulässig ist, im Gegensatze zum sog. **Maternitätssystem** (vgl. insbes. Code civil Art. 340), welches eine solche Klage principiell ausschließt. Wird diese Klage von der Mutter — wozu sie jedoch nicht verpflichtet ist — oder vom Kinde bezw. seinem Vertreter angestellt, so obliegt dem Kläger der Beweis, daß der Geklagte das Kind gezeugt habe. Dieser Beweis ist erbracht, sobald feststeht, daß, wenigstens in der sog. kritischen Zeit (vgl. § 163), der Geklagte allein der Mutter des Kindes beigewohnt habe. Nach dem Grundsatze der freien Beweiswürdigung wird dieser Ausschließlichkeitsbeweis häufiger zu erbringen sein, als früher. In dem Bestreben, jedem unehelichen Kinde einen Vater zu verschaffen, begnügt sich jedoch das öft. R. mit einer Vermutung, indem es bis zum Beweise des Gegenteils denjenigen als Vater des Kindes betrachtet, welcher erwiesenermaßen der Mutter desselben **innerhalb der kritischen Zeit beigewohnt** hat (ebenso dsch. B.G.B. § 1717). Hierin liegt eine der (vom G.B. adoptierten) Verwandtschaftstheorie widersprechende Abschwächung des Beweises der wirklichen Vaterschaft zu einem Beweise der präsumtiven Vaterschaft, die Behandlung des bloß präsumtiven (möglichen) Vaters als wirklichen. Daraus ergiebt sich namentlich folgendes: Der Kläger hat die Thatsache der Beiwohnung innerhalb der kritischen Zeit zu beweisen. Dieser infolge des Grundsatzes der freien Beweiswürdigung viel einfacher als früher sich gestaltende Beweis kann durch alle civilprozessualisch zulässigen Beweismittel geführt werden. (Der das außergerichtliche Geständnis des § 163 i. f. betreffende Streit ist schon durch die Redaktionsgeschichte, vollends aber durch das geltende Civilprozeßrecht, als abgethan zu betrachten.) Zur **Entkräftung der Vermutung** des § 163 ist der an keine speciellen Normen gebundene Beweis erforderlich, daß Geklagter das Kind **unmöglich erzeugt haben konnte** (ebenso dsch. B.G.B. § 1717). Da ein Kind nicht mehrere Väter haben kann, hat dieser Beweis als erbracht zu gelten, wenn die Vaterschaft eines anderen durch dessen freiwillige Anerkennung (vgl. dsch. B.G.B. § 1718) oder durch rechtskräftiges Urteil festgestellt ist. Dagegen ist jener Beweis nicht erbracht, wenn dargethan wird, es habe die Mutter innerhalb der kritischen Zeit mit mehreren den Beischlaf vollzogen, sog. **exceptio plurium concumbentium s. constupratorum**. (Mit vollem Rechte läßt das dtsch. B.G.B. § 1717 diese Einrede zu.) Die Unzulässigkeit dieser, auch von den Redaktoren ausgeschlossenen Einrede steht allerdings im Widerspruch mit der Verwandtschaftstheorie. Wird also der Beweis des concubitus cum pluribus in der kritischen Zeit erbracht, so gilt die Präsumtion der Vaterschaft für alle Concumbenten; sie alle sind mögliche Väter. Da aber nur einer der wirkliche Vater sein kann, so kann von solidarischer Verpflichtung (an welche die Redaktoren allerdings gedacht zu haben scheinen), oder von Haftung pro rata, keine Rede sein. Vielmehr kann nach **freier Wahl** jeder derselben belangt werden, und es entfällt die Klage gegen die übrigen definitiv dann, wenn der Belangte durch rechtskräftiges Erkenntnis als Vater des Kindes erklärt wird.

III. 1. Eine principielle Ausnahme von dem Grundsatze, daß uneheliche Kinder den ehelichen rechtlich nicht gleichgestellt sind, besteht hinsichtlich der **Mutter**. Denn in Bezug auf diese (nach d. dtsch. B.G.B. § 1705 auch im Verhältnis zu den Verwandten der Mutter) ist die **Rechtsstellung der unehelichen Kinder dieselbe, wie jene der ehelichen**. Nach außen hin tritt diese Gleichstellung darin hervor, daß Uneheliche lediglich den Geschlechtsnamen der Mutter führen (vgl. dtsch. B.G.B. § 1706). Ihres Adels, Wappens und ihrer Standesvorzüge werden sie aber nicht teilhaftig. Auch in Bezug auf Staatsbürgerschaft, Heimatszuständigkeit und Gerichtsstand folgen Uneheliche der Mutter. In privatrechtlicher Hinsicht findet die erwähnte Gleichstellung namentlich ihren Ausdruck in einem wechselseitigen gesetzlichen Erb- und Pflichtteilsrecht, sowie in der, übrigens auf die Mutter beschränkten, gesetzlichen Dotations- und Ausstattungspflicht (vgl. S. 32, 34).

2. Uneheliche Kinder stehen nicht unter väterlicher Gewalt, sondern unter **Vormundschaft** (ebenso dtsch. B.G.B. § 1707), die übrigens auch dem unehelichen Vater übertragen werden kann (Hfd. v. 11. August 1798, J.G.S. 429). Sie haben sowohl gegen

ihren Vater, als gegen ihre Mutter, nicht aber auch gegen entferntere Ascendenten, einen gesetzlichen Anspruch auf Erziehung, Verpflegung und Versorgung. a) Recht und Pflicht zu einer dem Wohle und dem künftigen vom Vormunde zu bestimmenden Stande des Kindes entsprechenden Erziehung steht, unter vormundschaftlicher Leitung, der Mutter zu (vgl. dtsch. B.G.B. § 1707). Will oder kann letztere dem Kinde eine solche Erziehung nicht angedeihen lassen, so ist der Vater berechtigt wie verpflichtet, die Trennung des Kindes von der Mutter zu bewirken und zum Zwecke seiner Erziehung unter vormundschaftlicher Aufsicht für dessen sichere und anständige Unterbringung, nicht notwendig in seiner Wohnung, zu sorgen. — b) Im Einklange mit dem deutschen und früheren öst. R. steht nach dem geltenden R. jedem unehelichen Kinde von dessen Geburt an gegen seine Eltern ein gesetzlicher Unterhaltsanspruch zu (ebenso dtsch. B.G.B. §§ 1708, 1709, welches jedoch auch die mütterlichen Verwandten des Kindes zum Unterhalt verpflichtet). Auf den Unterhaltsanspruch finden in Bezug auf die juristische Natur, Subsidiarität und Dauer im allgemeinen die für eheliche Kinder geltenden Grundsätze Anwendung (anders zum Teil d. dtsch. B.G.B. §§ 1708 ff.). In erster Linie ("vorzüglich") trifft die Unterhaltspflicht den Vater (ebenso dtsch. B.G.B. § 1709). Ist dieser unbekannt, alimentationsunfähig oder nicht mehr am Leben und sein Nachlaß zur Deckung des Unterhaltes nicht genügend, so devolviert die Verpflichtung auf die Mutter. Treten die gleichen Voraussetzungen bezüglich der Mutter ein, so greift die öffentliche Fürsorge platz. Wer statt des Verpflichteten das Kind alimentiert, kann auf Grund des § 1042 von ersterem Ersatz fordern. Das Maß des Unterhaltes, welcher je nach der konkreten Sachlage in Geld oder in natura zu leisten ist, muß dem Vermögen der Mutter, nicht auch ihrem Stande, angemessen sein (anders dtsch. B.G.B. §§ 1708, 1710). Eine Abfindungssumme kann weder gefordert, noch aufgedrungen werden (vgl. dtsch. B.G.B. § 1714). Weil uneheliche Kinder in Bezug auf die Mutter den ehelichen gleichgestellt sind, so ergiebt sich, daß die Mutter, nicht auch ein anderer Ascendent, gegen das Kind einen gesetzlichen Anspruch auf Leistung des seinem Vermögen angemessenen Unterhaltes hat. — c) Der gesetzliche Anspruch des Kindes gegen seine Eltern auf Versorgung unterliegt in Bezug auf Subsidiarität, Reihenfolge der Verpflichteten, Dauer und Umfang den für den Unterhaltsanspruch geltenden Grundsätzen. (Über den Eintritt der Versorgungspflicht vgl. S. 50.) — d) § 171 stellt die Verpflichtung der Eltern zur Verpflegung und Versorgung ihrer unehelichen Kinder einer „anderen Schuld" grundsätzlich gleich. Aus dieser Gleichstellung folgt, daß das Kind auf Sicherstellung seines, wenngleich möglicher Weise nur künftig wirksam werdenden, Anspruchs in allen jenen Fällen bringen kann, in welchen einem Gläubiger gegen seinen Schuldner ein solcher Sicherstellungsanspruch zusteht (vgl. dtsch. B.G.B. § 1716). Eine weitere Folge ist, daß das Kind im Konkurse der Eltern mit den übrigen Gläubigern der III. Klasse (Gemeingläubiger) konkurriert, wobei jedoch noch nicht fällige Unterhalts- oder Versorgungsbeträge auf das Maß des Notwendigen zu beschränken sind (arg. § 166). Eine wichtige Folgerung zieht § 171 selbst, indem er erklärt, daß die Verpflegungs- und Versorgungspflicht der Eltern auf deren Erben übergehe. Dieser Übergang, welcher auch bei erblosem Nachlaß stattfindet, ist, wie die Textierung des § 171 und die Redaktionsgeschichte beweisen (§ 171 sollte nur eine Abkürzung von westgal. G.B. I. § 148 sein), als wahre Succession in eine obligatorische Verpflichtung gedacht. Daher ist jede einschränkende Auslegung dieser Norm, trotz ihrer bedenklichen Konsequenzen, de lege lata zurückzuweisen. (Auch das dtsch. B.G.B. § 1712 giebt dem Kinde den Unterhaltsanspruch gegen die Erben des Vaters, gegen deren Willen aber nicht über das Maß des Pflichtteils hinaus.) — e) Von den Eltern eines unehelichen Kindes geschlossene Verträge, welche dessen Erziehung, Verpflegung und Versorgung betreffen, können die bezeichneten gesetzlichen Rechte des Kindes nicht beeinträchtigen. Solche zwischen den Eltern und dem Vormunde des Kindes geschlossene Verträge bedürfen der gerichtlichen Genehmigung (§ 233; vgl. dtsch. B.G.B. § 1714).

§ 68. 4. Abschnitt. Künstliche Nachbildungen des Rechtsverhältnisses zwischen Eltern und Kindern.

1. Kapitel. Die Annahme an Kindesstatt (Adoption).

(§§ 179—185, §§ 755, 756, 763; Pat. v. 9. Aug. 1854, §§ 257—262.)

Schuller, Die Annahme an Kindesstatt, 1837. — Anders, Familienr., § 50, 1. Kap. u. d. Litt. daf. — Krainz-Pfaff, § 453 u. d Litt. daf. — Stubenrauch, ad §§ 179—185. — Grünwald i. d. Not.-Ztg. 1878, Nr. 15—17. — Schiffner i. Grünhuts Ztschr. Bd. 25 (1898). — Ofner, Prot. I. S. 165—171; II. S. 357, 513.

I. **Begriff.** Die Adoption des öst. R. („Annehmung an Kindesstatt", dtsch. B.G.B. §§ 1741 ff. „Annahme an Kindesstatt") ist das Produkt der modernen Rechtsentwicklung. Wenngleich, wie die Protokolle beweisen, dem röm. R. entnommen, finden wir doch dieses Institut, dem die Redaktoren stark abgeneigt waren, im öst. R. in einer vom röm. R. wesentlich abweichenden Gestalt wieder. Denn während das letztere zwischen arrogatio und adoptio i. e. S. unterschied und diese eine a. plena oder minus plena ist, hat das öst. R. die Adoption zu einem Institute mit einheitlichem Charakter gestaltet (ebenso dtsch. B.G.B. §§ 1741 ff.). Adoption im Sinne des öst. R. ist die vertragsmäßige Annahme an Kindesstatt mit der Wirkung, daß der Angenommene wenigstens den Familien- (bezw. Geschlechts-) Namen des Annehmenden erhält. In ihrer normalen Gestalt begründet jedoch die A. zwischen den Adoptiv- oder Wahleltern (Wahl-, Adoptiv-Vater oder -Mutter) und dem Adoptiv- oder Wahlkinde ein Familienverhältnis, welches jenem zwischen ehelichen Eltern und Kindern nachgebildet ist. Nach dem dtsch. B.G.B. ist diese Wirkung des Adoptionsvertrages eine rechtlich notwendige (vgl. §§ 1757, 1767).

II. **Entstehung** des Adoptionsverhältnisses. Dieses wird begründet durch den in Schriftform oder vor Gericht abgeschlossenen Adoptionsvertrag, welcher zu seiner Perfektion der Bestätigung des kompetenten Gerichtshofes 1. Instanz bedarf (anders noch § 181; vgl. dtsch. B.G.B. §§ 1741, 1750, 1753, 1754). Bloß zu Beweiszwecken ist die Eintragung der Bestätigung ins Gerichtsprotokoll vorgeschrieben (vgl. daher Hfd. v. 28. Juni 1837, J.G.S. 299). Kontrahenten des A.-Vertrages (vgl. dtsch. B.G.B. §§ 1741, 1746—1752) sind: in allen Fällen der Adoptierende und der (noch lebende) willensfähige eheliche Vater des zu Adoptierenden. Ist letzterer eigenberechtigt, so ist auch dieser Mitkontrahent. Im Falle seiner Nichteigenberechtigung aber bedarf es der Zustimmung seines gesetzlichen Vertreters (ehelicher Vater, Vormund, Kurator), und wenn der zu Adoptierende nicht unter väterlicher Gewalt steht, auch der Einwilligung seiner wenngleich unehelichen Mutter. Wegen grundloser Versagung der Einwilligung seitens des Vaters, der Mutter oder des gesetzlichen Vertreters, sowie gegen die gerichtliche Entscheidung, kann bei Gericht Beschwerde geführt werden.

Die Gültigkeit der A. ist an eine Reihe von speciellen Eigenschaften sowohl des Adoptierenden als des Adoptivkindes gebunden. Diese sind nicht nur aus der allgemeinen Erwägung, daß Adoptionen zu erschweren seien, hervorgegangen, sondern beruhen auch größtenteils (nach b. dtsch. B.G.B. ausschließlich) auf dem Gedanken, daß die A. eine Nachahmung der Natur, sowie ein subsidiäres Mittel der Begründung eines Kindesverhältnisses sein solle, wo die Natur ein solches, voraussichtlich bleibend, ausschließt. Daher muß der Annehmende mindestens um 18 Jahre älter sein als das Wahlkind, 50 Jahre alt sein (vgl. Hfkzd. v. 21. April 1820, J.G.S. 1659; ebenso dtsch. B.G.B. §§ 1741, 1744, vgl. jedoch § 1745), darf keine eigenen ehelichen oder legitimierten Kinder haben (vgl. § 22 ebenso dtsch. B.G.B., vgl. auch daf. § 1743) und nicht durch feierliches Ordensgelübde zur Ehelosigkeit verpflichtet sein. (Zweifelhaft ist, ob das Gleiche von höheren Weihen gelte.) Gültig ist die gleichzeitige wie successive A. Mehrerer durch eine und dieselbe

Person. Nur müssen mehrere von einem ehelichen Kinde hinterlassene eheliche Enkel gleichzeitig adoptiert werden. Uneheliche Kinder können, wie nach röm. R., von ihren Eltern nur legitimiert, nicht adoptiert werden (Hfd. v. 28. Januar 1816, J.G.S. 1206). Zulässig ist dagegen die A. des von einem unehelichen Kinde hinterlassenen unehelichen Enkels oder eines von ersterem abstammenden ehelichen Enkels; ebenso die A. eines ehelichen Descendenten entfernteren Grades, selbst von Seite des väterlichen Großvaters. Ehegatten können, müssen aber nicht, gemeinschaftlich adoptieren. Selbst gegen den Willen des anderen Gatten ist A. zulässig (vgl. das cit. Hfd. v. 1820; anders dtsch. B.G.B. § 1746). Mehrere miteinander nicht Verehelichte können dagegen dieselbe Person nicht gleichzeitig adoptieren (ebenso dtsch. B.G.B. § 1749).

III. **Wirkungen** der A. Die einzige wesentliche Wirkung der A. ist: das Wahlkind erhält den Familiennamen des Wahlvaters, und wenn eine Frauensperson allein adoptiert, deren Geschlechtsnamen, ist aber zur Führung auch seines bisherigen Familiennamens verpflichtet (vgl. dtsch. B.G.B. § 1758). Bezüglich der sonstigen Wirkungen ist vor allem der Inhalt des Adoptionsvertrages entscheidend, welcher jedoch eine Beeinträchtigung von Rechten Dritter, die nicht auch ohne Verabredung eintreten würde, nicht bewirken kann. In Ermangelung abweichender Vereinbarungen erzeugt die A., insoweit das Gesetz keine Ausnahmen macht, zwischen dem Adoptierenden und dem Adoptierten und dessen ehelicher Descendenz dasselbe privatrechtliche Verhältnis, welches zwischen ehelichen Eltern und Kindern besteht. (Nach dem dtsch. B.G.B. gehört diese Wirkung, von gewissen Ausnahmen abgesehen, zum Wesen des Adoptionsverhältnisses §§ 1757, 1767.) Trotzdem tritt das Wahlkind aus dem Verbande seiner eigenen Familie nicht heraus, und es dauern daher auch jene Rechte und Pflichten des Wahlkindes fort, welche sich an diesen Familienverband knüpfen, soweit sie mit den Wirkungen der A. vereinbar sind (vgl. auch dtsch. B.G.B. §§ 1764, 1765). Die erwähnte Gleichstellung betrifft namentlich die Erziehung, Alimentation (vgl. dtsch. B.G.B. § 1766) und Versorgung, die Dotation und Ausstattung, — Verpflichtungen, welche den Adoptiveltern vor den leiblichen Eltern obliegen —, sodann das gesetzliche Erb- und Pflichtteilsrecht des Wahlkindes und seiner Descendenz den Wahlkindern gegenüber. Auch untersteht das nichteigenberechtigte Wahlkind der väterlichen Gewalt des Wahlvaters. Ausnahmen von jenem Grundsatze der Gleichstellung sind: a) Das Wahlkind ist von den durch Privatdisposition, insbesondere Familienanordnungen, an die eheliche Geburt oder doch an die Blutsverwandtschaft geknüpften Rechten ausgeschlossen (vgl. § 755); b) dem Adoptierenden steht kein gesetzliches Erb- und Pflichtteilsrecht gegen den Adoptierten und seine Descendenz zu (ebenso dtsch. B.G.B. § 1759); c) die A. begründet kein Ehehindernis (vgl. dtsch. B.G.B. §§ 1311, 1771); d) ohne landesfürstliche Verleihung erwirbt das Wahlkind den Adel und das Wappen des Adoptierenden nicht; e) das Wahlkind und seine Descendenz tritt — was namentlich in Bezug auf Alimentation und Erbrecht von Bedeutung ist — in keine familienrechtliche Beziehung zu den Verwandten des Adoptivparens, noch auch zu dessen Gatten, falls die A. nur durch den einen Gatten erfolgte (vgl. dtsch. B.G.B. §§ 1762, 1763). Indirekt können jedoch die Rechte der zuletzt erwähnten Personen durch das Wahlkind beeinträchtigt, ja selbst ganz ausgeschlossen werden.

IV. **Endigung** des Adoptionsverhältnisses. Dasselbe erlischt durch den Tod, kann aber auch durch Vertrag aufgehoben werden (vgl. dtsch. B.G.B. §§ 1768 ff.). Dieser wird vom Adoptivparens mit dem Wahlkinde, und wenn dieses nicht eigenberechtigt ist, mit Zustimmung seines gesetzlichen Vertreters (ein curator ad actum, wenn der Adoptivvater die väterliche Gewalt oder die Vormundschaft übernahm, arg. § 271) und des Gerichtes geschlossen. Die Einwilligung anderer Personen ist nicht erforderlich. Im Falle der Endigung des Adoptionsverhältnisses leben die durch letzteres modifizierten rechtlichen Beziehungen des Wahlkindes zu seiner Familie in vollem Umfange wieder auf. Daher kommt das nicht eigenberechtigte Wahlkind wieder unter die väterliche Gewalt seines ehelichen Vaters, oder es wird ein Vormund oder Kurator bestellt. Der Adoptivvater ist von dieser Vormundschaft oder Kuratel nicht ausgeschlossen. Erlischt das Adoptionsverhältnis durch den Tod, so verbleibt dem Wahlkinde der durch die A. erworbene Namen (vgl. dtsch. B.G.B. § 1772). Das gesetzliche Erb= und Pflichtteilsrecht des Wahlkindes und seiner Descendenten wird nunmehr wirksam. Die Wirkungen der in die Gerichtsakten einzutragenden Aufhebung der Adoption können übrigens durch den Aufhebungsvertrag modifiziert werden.

§ 69. 2. Kapitel. Die Übernahme in die Pflege.
(§ 186.)

Scheidlein i. d. Ztschr. f. öst. R.G. 1840, II. S. 51 ff. — Anders, Familienr., § 50, 2. Kap. u. d. Litt. das. — Krainz=Pfaff, § 453. — Stubenrauch, ad § 186. — Ofner, Prot. I. S. 170, 171; II. S. 513.

Dieselbe besteht in der Verpflegung hilfsbedürftiger, nicht notwendig minderjähriger Personen im eigenen Haushalte. Sie erscheint (vgl. die Red.=Protokolle) als Wohlthätigkeitsakt (ein „Liebeswerk") und ist daher im Gegensatze zur Adoption, deren Normen unanwendbar sind, möglichst zu erleichtern. (Das dtsch. B.G.B. enthält keine specielle Normirung dieses Verhältnisses.) Daher steht die Eingehung dieses Verhältnisses, welche, sowie dessen Aufhebung, an keine Form gebunden ist, „jedermann frei", und es wird jenes Institut nur in ganz allgemeinen Umrissen geregelt. Die einzige gesetzliche Wirkung der Übernahme eines Minderjährigen in die Pflege ist: den Pflegeeltern stehen die zur Erziehung nötigen Rechte zu. Soweit nicht absolute Normen entgegen stehen, kann das Pflegschaftsverhältnis durch einen zwischen den Pflegeeltern und dem Kinde bezw. seinen gesetzlichen Vertretern geschlossenen Vertrag näher bestimmt werden, welcher der gerichtlichen Bestätigung bedarf, wenn die Rechte des Kindes geschmälert oder demselben besondere Verbindlichkeiten auferlegt werden sollen (§§ 186 und 233). Auf den Ersatz der Pflegekosten haben die Pflegeeltern, da das Gesetz animus donandi annimmt, keinen Anspruch. Doch ist der Beweis des mangelnden animus donandi zulässig. Ohne Rücksicht auf einen Vertrag behalten die leiblichen Eltern des Pflegekindes das Recht, dasselbe zurückzufordern (arg. §§ 145, 168). Specielle Normen gelten für das Pflegschaftsverhältnis bei Findelkindern (vgl. Stubenrauch ad § 186).

§ 70. Anhang. Die Einkindschaft (unio prolium).
(§ 1259.)

Anders, Familienr., § 51 u. d. Litt. das. — Stubenrauch, ad § 1259. — Ofner, Prot. I. S. 171, 172; II. 513.

Das Wesen derselben besteht darin, daß die Kinder zweiter Ehe den Kindern erster Ehe (Vorkinder) rechtlich gleichgestellt werden. Diese Gleichstellung, welche einen zwischen den Gatten und den Vorkindern bezw. ihren Vertretern abgeschlossenen Vertrag (Einkindschaftsvertrag) voraussetzte, beschränkte sich in den späteren Stadien der Entwicklung in Österreich bloß auf die Erbfolge in das freivererbliche Vermögen. Dieses nie zur allgemeinen Geltung gelangte Institut, dessen Zweck, wenigstens teilweise, durch andere Rechtsgeschäfte erreicht werden kann, hatte das Jos. G.B. beseitigt, das westgaliz. G.B. aber wieder eingeführt. Erst im allerletzten Stadium der Redaktion des a. b. G.B. wurde mit Berufung auf das Jos. G.B. der Grundsatz der Ungültigkeit der Einkindschaftsverträge aufgenommen.

III. Teil. Das Vormundschaftsrecht (Vormundschaft und Kuratel).

Nippel, Darstellung d. Rechte u. Pflichten d. Vormünder, Kuratoren... 1825. — Anders, Familienr., S. 233—310 u. d. Litt. das. S. 233. — Krainz=Pfaff, §§ 464—479 u. d. Litt. das.

§ 464. — Stubenrauch, Kommentar ad §§ 187—284. — Vgl. auch die Kommentare von Zeiller, Nippel, Winiwarter, Kirchstetter (5. Aufl.). — Schuster v. Bonnott, Kommentar, 4. Aufl., Wien 1894, u. die übrigen Kommentare zum Ges. üb. d. Verfahren außer Streitsachen. — Graf Chorinsky, Das Vormundschaftsrecht Niederösterreichs v. 16. Jahrh. bis z. Josef. G.B., Wien 1878. — v. Ruber, Beiträge z. Geschichte d. Vormundschaftsrechts in Mähren, Brünn 1883. — v. Ruber, Das Vormundschaftsr. nach d. Cod. Theres., seinen Bearbeitungen... i. d. Not.-Ztg. 1886, Nr. 32—41. — Ofner, Prot. I. S. 181—211; II. S. 9—11, 57, 171 ff., 279—281, 358—365, 401, 453, 514—516, 555.

§ 71. Einleitung.

Schuster i. d. Ztschr. f. öst. R.G. 1828¹, I. S. 135 ff. — Anders, Familienr., § 52 u. d. Litt. das. — Krainz-Pfaff, § 464. — Stubenrauch, ad §§ 187, 188, 21. — Chorinsky, S. 24 ff., S. 53 ff. — Ofner, Prot. I. S. 173, 207.

Vormundschaft i. w. S. ist das gesetzlich angeordnete Schutz- und Vertretungsverhältnis für Personen, welchen der ihnen erforderliche Schutz durch die väterliche Gewalt nicht zu Teil wird (§§ 187, 269; im wesentlichen ebenso das dtsch. B.G.B., nur daß hier an die elterliche Gewalt zu denken ist; vgl. insb. §§ 1773, 1896, 1909 ff.). Im geltenden öst. Vormundschaftsrecht, welches vorwiegend deutschrechtlichen Charakter an sich trägt, tritt uns im allgemeinen die Entwicklung des späteren Mittelalters und der unmittelbar folgenden Zeit entgegen.

Das öst. Recht enthält keine taxative Aufzählung der Vormundschaftsfälle, sondern bestimmt nur mittelst einer allgemeinen Norm, wann eine Vormundschaft eintreten kann und muß (§§ 187, 269, 270, § 21). In einzelnen Fällen hat die Vormundschaft den Charakter fest begrenzter Institute angenommen, so die sog. Altersvormundschaft, sodann die Vormundschaft über Geisteskranke, Abwesende, Verschwender. Das Institut der Geschlechtsvormundschaft ist dagegen schon dem älteren öst. Rechte unbekannt geblieben.

Das röm. Recht unterschied zwei Vormundschaftsinstitute: die tutela impuberum und die cura; letztere war eine c. personarum oder eine c. bonorum. Der romanistische Unterschied zwischen tutela impuberum und cura minorum, welcher insbesondere in der juristischen Natur der Mitwirkung bei Rechtshandlungen des Bevormundeten (der auctoritatis interpositio des tutor einerseits, dem bloßen consensus des curator anderseits) hervortrat, ist in das deutsche und öst. Recht nicht übergegangen. Nur die Terminologie des röm. Rechts ist von demselben adoptiert, jedoch — von dem in der Natur der Sache begründeten Unterschiede zwischen cura personarum und bonorum abgesehen — in eigentümlicher Weise verwertet worden.

Das moderne deutsche Recht (vgl. dtsch. B.G.B. § 1773, 1896, 1909 ff.) unterscheidet zwischen Vormundschaft i. e. S., deren einzelne Fälle gesetzlich genau festgestellt und zu Rechtsinstituten ausgestaltet sind, und Pflegschaft (Kuratel), bei welcher die Reihe der Fälle keine so geschlossene ist und nur einzelne Gestaltungen genauer normiert sind. Dem Vormund obliegt die Fürsorge für die Person und das Vermögen des Bevormundeten grundsätzlich im vollen Umfange, während ein Pfleger (Kurator) nur für einzelne Angelegenheiten, für einen kleineren oder größeren Kreis von Geschäften bestellt wird. Diese mit dem Vormundschaftsinstitute von selbst gegebene und daher jedem Rechte eigene Unterscheidung kann auch der Darstellung des öst. Vormundschaftsrechtes zu Grunde gelegt werden, obgleich das a. B.G.B. den begrifflichen Unterschied zwischen Vormundschaft (Vormund) und Kuratel (Kurator oder Sachwalter) in anderem Sinne faßt. Aus den Einzelbestimmungen des Gesetzbuchs ergiebt sich aber, daß sich jene Unterscheidung vom Standpunkte des öst. Rechts fast nur auf den Ausdruck reduziert. Der Unterschied zwischen Vormundschaft und Kuratel im Sinne des a. b. G.B. liegt nicht in dem in §§ 187, 188 und 269 angegebenen Unterscheidungsmerkmal. Denn auch Großjährige können unter „Vormundschaft" stehen (vgl. § 251), und Minderjährige können einen „Kurator" erhalten (vgl. z. B. §§ 149, 271, 272). Wohl aber kann nur für Minderjährige, nicht auch für Großjährige, eine Vormundschaft begründet werden, während sowohl Minderjährige als Großjährige einen „Kurator" erhalten können. Außerdem bildet die generelle Fürsorge für die Person des Bevormundeten ein wesentliches Merkmal der „Vormundschaft", nicht auch der „Kuratel", und selbst der curator personarum ist im Gegensatze zum „Vormund" niemals zur Erziehung des Pflegebefohlenen verpflichtet. Die „Kuratel" des öst. Rechts umfaßt also nicht bloß die deutschrechtliche Pflegschaft, sondern auch jene Fälle, welche nach deutschem Recht als Vormundschaft über entmündigte Großjährige erscheinen (vgl. dtsch. B.G.B. §§ 1896 ff.).

Das a. b. G.B. behandelt das Vormundschaftsrecht ex professo im I. Teil, 4. Hptst. §§ 187—284. Eine wichtige Ergänzung dieser Normen enthält das Pat. vom 9. August 1854 R.G.B. 208, §§ 181—219. In diesen Gesetzen ist das Institut der Vormundschaft für alle Personen einheitlich gestaltet. Das in § 284 d. G.B. bezogene Sonderrecht des Bauernstandes ist durch die mit Pat. v. 7. November 1848 J.G.S. 1180 erfolgte Aufhebung des ehemaligen Unterthänigkeitsverbandes in Wegfall gekommen.

1. Abteilung. Die Vormundschaft (Altersvormundschaft).
(§§ 189—268; Pat. v. 9. Aug. 1854, §§ 181, 183—219.)

Anders, Familienr., §§ 53—60. — Krainz=Pfaff, §§ 465—477. — Stubenrauch, ad §§ 189—268. — Ofner, Prot. I. S. 181—207; II. S. 358—364, 514, 515.

§ 72. 1. Kapitel.
I. Der Fall der Bevormundung.

Anders, Familienr., § 53 u. d. Litt. das. — Stubenrauch, ad §§ 189, 190. — Chorinsky S. 34 ff.

Nur Minderjährige, welche aus faktischen oder rechtlichen Gründen des Schutzes der väterlichen Gewalt entbehren, können (und müssen) einen Vormund erhalten; (ähnlich dtsch. B.G.B. § 1773). (Die bereits begründete Vormundschaft kann aber die Minderjährigkeit auch überdauern: § 251.) Bei den der Aufsicht und Obsorge von Findel- oder Waisenanstalten unterstehenden Kindern, vertritt die Anstaltsdirektion grundsätzlich die Stelle des Vormunds (Hfd. vom 17. August 1822 J.G.S. 1888, Hfkzd. vom 17. Juni 1823 J.G.S. 1748). Fällt jedoch dem Kinde ein 500 fl. übersteigendes Vermögen zu, so muß ein Vormund bestellt werden, der aber, sowie der vor Aufnahme des Kindes in die Anstalt bestellte und belassene Vormund, auf die Erziehung des Kindes, so lange es sich in der Anstalt befindet, keinen Einfluß zu nehmen hat (vgl. Manz=Schey ad § 268).

Auch einem minderjährigen in Österreich befindlichen Ausländer ist vom inländischen Gericht provisorisch ein Vormund zu bestellen (Pat. v. 1854 § 183 und Manz=Schey ad § 190).

§ 73. II. Die Obervormundschaft.

Anders, Familienr., § 53, Z. II u. d. Litt. das. — Krainz=Pfaff, § 470. — Schenk, Der Familienrat, 1863. — Chorinsky, S. 60 ff., 274 ff., 331 ff., 349 ff. — Kratky i. d. Ger.=Ztg. 1854, Nr. 143—146. — Ofner, Prot. I. S. 178, 179, 181, 206; II. S. 364, 514.

Dieses aus den ehemaligen Beziehungen der Familie zur Vormundschaft hervorgegangene Institut, welches die volle Erreichung des Zweckes des Vormundschafts=Institutes verbürgen soll, ruht heutzutage, der modernen Gestaltung der staatlichen Verhältnisse entsprechend, in Österreich wie in Deutschland in den Händen des Staates. In Österreich ist die Verwaltung des Vormundschaftswesens, die Obervormundschaft, den Gerichten zugewiesen und bildet einen Teil der denselben zustehenden sog. freiwilligen Gerichtsbarkeit. Kompetent zur Führung der Obervormundschaft, vormundschaftliches Gericht, ist (in erster Instanz) in der Regel jenes Bezirksgericht oder jener Gerichtshof 1. Instanz, in dessen Sprengel der Minderjährige seinen allgemeinen Gerichtsstand in Streitsachen hat (Jur. N. v. 1. August 1895 §§ 109—111, § 68; Art. VI Z. 6, VIII Z. 2, 3 des Einf. Ges.). Die obervormundschaftliche Thätigkeit der Gerichte, welche sich auf die Begründung,

Endigung und die Führung der Vormundschaft, namentlich die Vermögensverwaltung erstreckt, ist in Österreich eine viel umfangreichere und intensivere als nach dem dtsch. B.G.B. (vgl. insbef. §§ 1837—1848). Denn nicht — wie grundsätzlich nach letzterem — bloß die Überwachung und Leitung des Vormundes, sondern in ausgedehntem Maße die Führung der Vormundschaft selbst ist in die Hände des Gerichtes gelegt. Der Vormund handelt in seinem Auftrage, ist sein Exekutivorgan. Die aus diesem Verhältnis zwischen Vormund und Vormundschaftsgericht abgeleitete Kompetenzbestimmung des § 200, 2. S. ist jedoch durch die geltende Jur.=N. (Einf.G. Art. II) beseitigt worden. Zur Erleichterung der obervormundschaftlichen Thätigkeit, wie auch im Interesse des Mündels selbst, ist das Vormundschaftsgericht zur Führung eines sog. Vormundschafts- oder Waisenbuches mit gesetzlich genau normiertem Inhalte verpflichtet (§§ 207, 208, Pat. v. 1854 § 186). Wenn ein Beamter des Vormundschaftsgerichtes durch schuldhaftes Verhalten in amtlicher Beziehung dem Bevormundeten einen Schaden zufügt: so ist der Beschädigte zur Geltendmachung seines Schadenersatzanspruches mittelst der sog. Syndikatsklage nach Maßgabe des Ges. v. 12. Juli 1872 R.G.B. 112 berechtigt (vgl. auch Jur. N. Art. VI d. Einf.G. u. § 80, Civ.Pr.O. §§ 600—602, a. b. G.B. § 265; vgl. auch dtsch. B.G.B. §§ 1848, 1674, 839). Gegen Verfügungen des vormundschaftlichen Gerichtes stehen dem Vormunde die im Verfahren außer Streitsachen zulässigen Rechtsmittel (Vorstellung und Rekurs) zu (Pat. v. 1854 §§ 9—16, a. b. G.B. § 268).

Nach dem geltenden öst. Recht sind die Gerichte grundsätzlich die alleinigen Träger der Obervormundschaft. Das dem französischen und dem dtsch. B.G.B. (§§ 1858 ff.) eigene Institut des Familienrates, welchem die obervormundschaftlichen Funktionen zustehen (vgl. dtsch. B.G.B. § 1872), ist dem öst. Recht unbekannt. Naturgemäß steht aber die Familie auch nach öst. Recht in enger rechtlicher Beziehung zum Vormundschaftsinstitut. Insbesondere ruht das Recht zur Vormundschaft vornehmlich in der Familie des Mündels. In einigen Beziehungen erscheinen die Verwandten des Mündels als Hilfsorgane der Obervormundschaft (vgl. §§ 189, 251, 252, Pat. v. 1854 §§ 185, 209; vgl. auch dtsch. B.G.B., insbef. § 1847). Eine unmittelbare Beteiligung der Verwandten als solcher an der Führung der Vormundschaft findet aber grundsätzlich nicht statt. (Ausnahme hinsichtlich der Mutter und der Großeltern: §§ 218, 143.)

Die (politischen) Gemeinden haben nach dem geltenden öst. Recht im allgemeinen aufgehört, Hilfsorgane der Obervormundschaft zu sein (vgl. jedoch § 189, Instr. v. 28. Juni 1850 R.G.B. 256). Das dem dtsch. B.G.B. (§§ 1849 ff., vgl. auch §§ 1675, 1779, 1862) eigene Institut des Gemeindewaisenrates ist ins öst. Recht nicht übergegangen. Nur in Wien besteht in jedem Bezirksgerichtssprengel ein im wesentlichen gleichgeartetes Organ in der Gestalt von dem Bürgermeister unterstehenden sog. Waisenkomitees (1 Vorsitzenden und 6 Waisenräte). (Statut, genehmigt durch Just.M.E. v. 5. Februar 1855.) Dieselben haben (ähnlich wie nach dtsch. B.G.B. der Gemeindewaisenrat) bei Bestellung von Vormündern mitzuwirken und sind den Gerichten beigegebene Hilfs- und Kontroll-Organe, namentlich für die Erziehung der Mündel, ohne jedoch ein direktes Zwangsrecht oder ein decisives Votum dem Gerichte gegenüber zu besitzen.

2. Kapitel. Begründung der Vormundschaft.

§ 74. 1. Gerichtliche Bestellungspflicht.

Anders, Familienr., S. 244 u. d. Litt. daf. — Krainz=Pfaff, § 465. — Stubenrauch, ad § 189. — Ofner, Prot. I. S. 173, 174; II. S. 514.

Das Gericht ist, sobald es in Kenntnis eines Bevormundungsfalles gelangt, von Amtswegen verpflichtet, zur Bestellung eines tauglichen Vormundes zu schreiten (§ 190; ebenso dtsch. B.G.B. § 1774). Um die rasche Erfüllung dieser Verpflichtung zu sichern, sind insbesondere die Verwandten des Minderjährigen und „andere mit ihm in nahem Verhältnisse stehende Personen unter angemessener Ahndung" zur Anzeige des Bevormundungs=

falles beim kompetenten Gerichte verbunden (§ 189; nach dem dtsch. B.G.B. § 1849 insbes. der Gemeindewaisenrat). Anzeigepflichtig zu jenem Zwecke sind außerdem: die Verwaltungsbehörden, die Gemeindevorsteher, die Seelsorger (§ 189), die Findel- und Waisenanstalten (Hfd. v. 17. August 1822 J.G.S. 1888; vgl. auch Pat. v. 1854 §§ 34, 39 Z. 4 u. 8).

§ 75. 2. Berufung zur Vormundschaft (§ 196—199).

Anders, Familienr., S. 245—248 u. d. Litt das. — Krainz-Pfaff, § 467. — Stubenrauch, ad § 196—199. — Chorinsky, S. 74 ff. — Ofner, Prot. I. S. 178.

Die Bestellung eines Vormundes setzt einen Berufungs- oder Delationsgrund, d. i. einen Thatbestand voraus, auf Grund dessen der Richter zur Bestellung einer bestimmten (tauglichen) Person zum Vormunde berechtigt ist. Das öst. Recht kennt, wie das römische und deutsche, drei Berufungsgründe, nämlich Privatwillensdisposition, Verwandtschaft und gerichtliche Wahl. Hienach pflegt man die Vormundschaft einzuteilen in eine gewillkürte (oder testamentarische) (tutela testamentaria), gesetzliche (tutela legitima) und richterliche (tutela dativa). Diese drei Delationsgründe schließen einander dergestalt aus, daß die gewillkürte Vormundschaft der gesetzlichen, beide aber der gerichtlichen vorgehen (ebenso dtsch. B.G.B. §§ 1776—1779). Eine Abweichung von dieser Reihenfolge kann eintreten bei Bestellung eines Mitvormundes und eines Vormundes nach Wegfall der Vormünderin (§§ 211, 215).

a) Gewillkürte (testamentarische) Vormundschaft (tutela testamentaria) (§§ 196, 197, 149). Wie nach röm. und deutschem Recht hat vor allem das Recht zur Vormundschaft der vom Vater des Minderjährigen hiezu Berufene. Als Ausfluß der väterlichen Gewalt steht das Berufungsrecht dem Träger derselben, also (in der Regel) auch dem Adoptivvater zu (nach dem dtsch. B.G.B. somit auch der Mutter: §§ 1776, 1777). Ein von anderen Personen, selbst von der Mutter, welche eine Vermögenszuwendung an den Minderjährigen vornehmen, berufener „Vormund" ist nur als Kurator dieses Vermögens zu bestellen. Die Berufung durch den Vater bedarf der Testamentsform nicht. (Anders das röm. und frühere öst. Recht, sowie das dtsch. B.G.B. § 1777.) Der Ausdruck „testamentarische" Vormundschaft hebt die Regel hervor und ist dem röm. Recht entnommen. Es kann somit die frei widerrufliche Ernennung auch durch einen mit dem zu Ernennenden abgeschlossenen Vertrag erfolgen (sog. tutela pacticia), welcher den letzteren zur Übernahme der Vormundschaft ohne Rücksicht auf Ablehnungsgründe (§ 195) verpflichtet.

b) Die gesetzliche Vormundschaft (tutela legitima) (§ 198). Diese zeigt im öst. Recht eine Mischung römischen und deutschen Rechts. Kommt es zu keiner gewillkürten Vormundschaft: so haben die vom Gesetze berufenen Verwandten des Minderjährigen, ohne Rücksicht auf Erbberechtigung, in der in § 198 bestimmten Reihenfolge das Recht auf die Vormundschaft (vgl. dtsch. B.G.B. § 1776, welches der gesetzlichen Vormundschaft engere Grenzen zieht). Jenes Recht steht (von den väterlichen Großeltern abgesehen) bei gleichem Grade und Alter allen zugleich zu. Berufen sind nur eheliche und die nach §§ 160 und 161 legitimierten Verwandten, die Adoptivmutter wohl nur in Ermangelung der leiblichen Mutter. Das gesetzliche Recht der Verwandten auf die Vormundschaft in der bezeichneten Reihenfolge wird durch §§ 258 und 259 hinlänglich geschützt.

c) Die richterliche Vormundschaft (tutela dativa) (§ 199). Sie reicht zurück bis zu den Reichs-Polizei-Ordgn. von 1548 und 1577. Wenn weder die gewillkürte noch die gesetzliche Vormundschaft platzgreift, so ist das Gericht nach freiem Ermessen zur Bestellung eines tauglichen Vormundes verpflichtet. Das Gericht hat bei seiner Wahl alle jene Verhältnisse, welche für das Wohl des Mündels von Bedeutung sein können, daher insbesondere die in § 199 genannten, zu berücksichtigen (im wesentlichen die gleichen Gesichtspunkte gelten nach dem dtsch. B.G.B. § 1779), ist aber an eine Vernehmung der Verwandten nicht gebunden. (Ausnahme bei Ernennung eines Mitvormundes: § 211.)

§ 76. **3. Fähigkeit ("Tauglichkeit") zur Vormundschaft. Ausschließungsgründe** (§§ 191—194).

Anders, Familienr., S. 248—251 u. d. Litt. das. — Krainz-Pfaff, § 448. — Stubenrauch, ad § 191—194. — Chorinsky, S. 57 ff., 102 ff. — Ofner, Prot. I. S. 174—177; II. S. 358, 514.

Das öffentliche Interesse fordert, daß zur Vormundschaft nur eine hiezu fähige Person bestellt werde. Daher knüpft die Gesetzgebung an eine Reihe von Thatbeständen die Unfähigkeit zur Vormundschaft oder doch die Verpflichtung des Richters, über die Tauglichkeit des zu Bestellenden zu erkennen (vgl. dtsch. B.G.B. §§ 1780—1784, auch §§ 1778, 1779, welches in den einzelnen Ausschließungsgründen teilweise vom öst. Recht abweicht und dem richterlichen Ermessen einen großen Spielraum läßt). Solche Thatbestände hat somit das Gericht schon von Amtswegen zu berücksichtigen. Dieselben schließen die hiervon betroffenen unmittelbar oder doch zufolge richterlicher Entscheidung von der Vormundschaft aus und heißen daher Ausschließungsgründe (Unfähigkeits-, Untauglichkeitsgründe). Das G.B. nennt sie unpassend „notwendige Entschuldigungsgründe" (excusationes necessariæ), weil der Untaugliche zu deren Anzeige und zur Ablehnung der Vormundschaft verpflichtet ist. Die taxativ aufgezählten Ausschließungsgründe sind absolute oder relative, je nachdem sie von jeder oder von einer bestimmten Vormundschaft ausschließen.

1. Absolut untauglich sind im allgemeinen Jene, von welchen eine „anständige Erziehung" des Mündels oder „nützliche Verwaltung des Vermögens nicht zu erwarten ist" (§ 191). Unter diesen generellen, dem richterlichen Ermessen einen weiten Spielraum gewährenden Ausschließungsgrund sind folgende vom Gesetze ausdrücklich aufgezählte Ausschließungsgründe zu subsumieren.

Absolut unfähig sind:

a) alle Personen, welche aus faktischen oder rechtlichen Gründen ihren eigenen Geschäften nicht vorstehen können, insbesondere Minderjährige, Geisteskranke, interdizierte Verschwender (vgl. dtsch. B.G.B. § 1780, 1781 Z. 2); b) die wegen Mißhandlung ihres Mündels von der Vormundschaft Entsetzten und zu ferneren Vormundschaften als unfähig Erklärten (a. Str.G.B. §§ 415, 417, 418); c) diejenigen, welche wegen eines Verbrechens schuldig erkannt und vom Gerichte für die Zukunft als zur Vormundschaft untauglich erklärt wurden (§ 5 des Ges. v. 25. November 1897 R.G.B. 131; anders noch § 191); außerdem „in der Regel": d) Personen weiblichen Geschlechts, Ordensgeistliche und Ausländer. Die sub d genannten Personen sind jedoch von der gesetzlichen Vormundschaft nicht ausgeschlossen (arg. § 192). Über die Ausschließung der Mitglieder des deutschen Ordens und der Maltheser-Ordensritter vgl. die Pat. v. 28. Juni 1840 J.G.S. 451 und v. 29. Juli 1768 (Manz-Schey ad § 192).

2. Relativ untauglich sind:

a) der vom ehelichen Vater des Mündels von der Vormundschaft über diesen durch ausdrückliche, wenngleich formlose Willenserklärung Ausgeschlossene (teilweise anders dtsch. B.G.B. § 1782); b) wegen Interessenkonfliktes kann Vormund eines Minderjährigen nicht sein, wer mit diesem selbst in einen Prozeß verwickelt ist oder wegen noch nicht berichtigter Ansprüche („Forderungen") in einen Prozeß verwickelt werden könnte; c) wer mit den Eltern des Minderjährigen oder mit ihm selbst notorisch in Feindschaft lebt, ist von der Vormundschaft über denselben ausgeschlossen; d) qualifizierte Abwesenheit (vgl. § 194) von dem Kronlande, in welchem das Vormundschaftsgericht liegt, schließt in der Regel von der Vormundschaft aus. Religionsverschiedenheit zwischen Vormund und Mündel ist kein selbständiger Ausschließungsgrund, kann aber, wie die Red.-Protokolle zeigen, unter den allgemeinen Ausschließungsgrund des § 191 i. f. fallen (vgl. auch dtsch. B.G.B. § 1779).

§ 77. 4. Bestellung des Vormundes und Antritt der Vormundschaft
(§§ 200—206, § 195).

Anders, Familienr., S. 249, 251—254 u. d. Litt. das. — Krainz-Pfaff, §§ 468, 469. — Stubenrauch, ad §§ 195, 200—206, 237. — Chorinsky, S. 119 ff., 145 ff. — Ofner, Prot. I. S. 177—181, 190; II. S. 358, 514.

Grundsätzlich muß jeder zur Vormundschaft Berufene, um Vormund zu werden, wie nach früherem Recht, vom vormundschaftlichen Gerichte zum Vormunde bestellt werden (vgl. dtsch. B.G.B §§ 1789—1791). (Ausnahme bei Kindern in Findel- und Waisenanstalten; hier ist die Anstaltsdirektion gesetzlicher Vormund in sensu stricto, vgl. oben § 72). Der Bestellungsakt besteht in dem regelmäßig durch Dekret erfolgenden, gerichtlichen Auftrag zur Übernahme der Vormundschaft (sog. confirmatio juris germanici). Die Rechtswirkung der Bestellung besteht, in Ermangelung von Ausschließungsgründen, zunächst in der Berechtigung und (bei fehlenden Ablehnungsgründen auch in der) Verpflichtung des Bestellten zu sofortigem Antritte d. i. Übernahme der Vormundschaft (ebenso dtsch. B.G.B. § 1785). Diese Verpflichtung ist öffentlich-rechtlicher Natur. Insofern hat die Vormundschaft den Charakter eines öffentlichen vom Staate übertragenen „Amtes".

Ungegründete Weigerung, eine aufgetragene Vormundschaft zu übernehmen, zieht die Verpflichtung zum Ersatze allen dem Mündel hierdurch verursachten Vermögensschadens nach sich (ebenso dtsch. B.G.B. § 1787). Auch soll der sich Weigernde durch „angemessene Zwangsmittel" (Pat. v. 1854 § 19) zur Übernahme verhalten werden. Diese sollen jedoch nach der Absicht der Redaktoren (vgl. die Protokolle) nur im äußersten Notfalle Geld- oder Arreststrafen sein, damit nicht der ausgeübte Zwang eine schlechte Vormundschaftsführung erwarten lasse (vgl. dtsch. B.G.B. § 1788). Zur Vormundschaft Untaugliche sind zur Übernahme der Vormundschaft nicht berechtigt, vielmehr jederzeit zur gerichtlichen Anzeige des Untauglichkeitsgrundes verpflichtet, widrigenfalls Verpflichtung zu Schadenersatz nach Maßgabe ihres Verschuldens, im Falle der Verhehlung des Hinderungsgrundes somit zu voller Genugthuung platzgreift. Die gleiche Ersatzpflicht trifft das Gericht im Falle schuldbarer Bestellung eines untauglichen Vormundes.

Nur berechtigt, nicht auch verpflichtet zur definitiven Übernahme der Vormundschaft, ist der Bestellte bei Vorhandensein von Thatbeständen, welche demselben freie Wahl lassen zwischen Übernahme und Ablehnung der Vormundschaft, sog. Ablehnungs- oder Entschuldigungsgründe (excusationes) („freiwillige Entschuldigungsgründe" excusationes voluntariae) (teilweise abweichend dtsch. B.G.B. § 1786). Diese im G.B. taxativ aufgezählten Ablehnungsgründe, über welche (sowie über Ausschließungsgründe) das Vormundschaftsgericht zu entscheiden hat, sind vom Bestellten bei seiner Personalinstanz innerhalb einer Präklusivfrist von 14 Tagen, von dem erhaltenen gerichtlichen Auftrage gerechnet, anzuzeigen. Das vom Berufungsgrund unabhängige Ablehnungsrecht steht zu: a) Weltgeistlichen, umsomehr zur Vormundschaft ausnahmsweise berufenen Ordensgeistlichen; b) wirklich dienenden Militärpersonen und öffentlichen Beamten; c) 60 Jahre alten Personen; d) jenen, welche zur Obsorge über 5 geborene, noch lebende eheliche, Adoptiv- oder Pflegekinder oder über 5 eheliche Enkel verpflichtet sind; e) demjenigen, der eine mühsame Vormundschaft oder Kuratel oder drei kleinere zu besorgen hat.

Wer ohne gerichtliche Bestellung wie ein Vormund thätig wird, heißt protutor (falsus tutor). Nach der Auffassung der Redaktoren hat derselbe im allgemeinen die Rechtsstellung eines Geschäftsführers ohne Auftrag (§§ 1035 ff.). Er ist nach Maßgabe seines Verschuldens dem Mündel schadenersatzpflichtig.

Übernimmt der Bestellte die Vormundschaft: so ist er, der Großvater, die Mutter und Großmutter ausgenommen, verpflichtet, vor Gericht oder dem Gemeindevorstande (Instr. v. 18. Juni 1850 R.G.B. 256) die Erfüllung der vormundschaftlichen Pflichten mittelst Handschlages (nicht mehr durch Eid, vgl. Hfd. v. 12. April 1787, ebenso dtsch. B.G.B. § 1789) anzugeloben. Hierauf erfolgt die Ausfertigung und Zustellung einer Bestellungsurkunde, des sog. Vormundschaftsdekretes (Bestallung, tutorium, vgl. dtsch. B.G.B.

§ 1791), welches für den Vormund die Bedeutung einer Vollmacht, daher auch einer Legitimationsurkunde, besitzt. In das Dekret des Großvaters, der Mutter und Großmutter sind die von anderen anzugelobenden Pflichten einzuschalten. Zur Erleichterung der Übernahme von Vormudschaften und infolge der in der neuzeitlichen Gestaltung der Obervormundschaft liegenden Garantien, hat das öst. R. den Vormund bei Antritt der Vormundschaft zur Kautionsleistung nicht verpflichtet (§ 237, vgl. schon Hfd. v. 30. November 1785 J.G.S. 474; vgl. dtsch. B.G.B. § 1844).

3. Kapitel. Das Rechtsverhältnis der Vormundschaft.

§ 78. A) Im Allgemeinen. Rechtsverhältnis bei einer Mehrheit von Vormündern.

Anders, Familienr., § 55 u. d. Litt. daf. — Krainz-Pfaff, §§ 471—473, 477. — Stubenrauch, ad §§ 209—214, 216, 217, 228, 237, 264, 266, 267, 1034. — Sperl i. d. Ger.-Halle 1893, Nr. 3—5. — Chorinsky, S. 131 ff., 150 ff., 335 ff., 346 ff. — Ofner, Prot. I. S. 181—183, 186, 190, 205, 207; II. S. 279—281, 358, 453, 514.

I. Der Vormund ist gleich einem Vater zur Wahrung der gesamten Interessen des Mündels, also zur Fürsorge für dessen Person und Vermögen verpflichtet (§ 209). Ihm obliegt daher insbesondere die Erziehung des Pupillen (§ 216), die Verwaltung seines Vermögens (§ 228), sowie die gerichtliche und außergerichtliche Vertretung des Mündels (§§ 243, 244, 1034; ebenso dtsch. B.G.B. §§ 1793, 1800; vgl. jedoch §§ 1794—1796). Zur Erfüllung dieser Pflichten steht dem Vormund die als eine Art von Familiengewalt erscheinende vormundschaftliche Gewalt zu, welche jedoch kein Recht am Mündelvermögen giebt. Schuldbare Nichterfüllung der vormundschaftlichen Pflichten, deren Erfüllung unter Umständen durch Strafen erzwungen werden kann (§ 239, Pat. v. 1854 §§ 19, 213), macht den Vormund civilrechtlich verantwortlich (§§ 228, 264, 217) und kann Entsetzung, Bestrafung, Ausschließung von ferneren Vormundschaften nach sich ziehen (§ 254, Pat. v. 1854 § 19, a. Str.G.B. §§ 417, 418). Für den durch die Führung der Vormundschaft, insbesondere die Vermögensverwaltung, dem Mündel kulpos zugefügten Schaden haftet der Vormund nach den allgemeinen Grundsätzen (vgl. insb. § 228). (Vgl. hiemit dtsch. B.G.B. §§ 1833, 1834, 1886.) Für fremdes Verschulden haftet der Vormund nicht, wenn nicht der vom Dritten verursachte Schaden auch auf ein Verschulden des Vormunds zurückzuführen ist. Daher haftet der Letztere für culpa in eligendo vel inspiciendo (§§ 264, 210, 214; vgl. dtsch. B.G.B. § 1833 2. Abf., auch § 1694). Ersatzansprüche gegen den Vormund können auch während der Vormundschaft erhoben werden (ebenso dtsch. B.G.B. § 1843; anders röm. R.). Die Haftung des Vormunds für dolus wird nicht beseitigt durch die gerichtliche Genehmigung der vormundschaftlichen Rechnungen (§§ 242, 262). Ein gesetzliches Pfandrecht am Vermögen des Vormunds steht dem Mündel zur Deckung seiner Ersatzforderung nach dem geltenden öst. R. nicht zu, wohl aber, wie schon nach früherem Rechte, ein Vorzugsrecht im Konkurse des Vormunds (2. Klasse der Konkursgläubiger: Konk.Ordg. § 44). Auch ist der Vormund in den Fällen des § 237 gesetzlich zur Kautionsleistung (gemäß § 1373) verpflichtet (vgl. dtsch. B.G.B. § 1844). Ersatzansprüche des Vormunds gegen den Mündel können sich aus einem in dessen Interesse vom Vormund aus Eigenem gemachten Aufwand ergeben. Solche und ähnliche gegenseitige Ersatzansprüche werden auch während der Vormundschaft (anders röm. R.) im ordentlichen Rechtsweg verfolgt, wenn nicht ihre Feststellung und Berichtigung in Verbindung mit der Erledigung der vormundschaftlichen Rechnungen erfolgte (Pat. v. 1854 § 214; vgl. auch dtsch. B.G.B. §§ 1835, 1843).

Ein gesetzlicher Anspruch auf Belohnung für die Führung der Vormundschaft steht dem Vormunde nicht zu (§§ 266, 267; ebenso dtsch. B.G.B. § 1836). Doch kann eine solche vom Vater des Mündels ausgesetzt sein. Auch kann das Gericht jedem „emsigen" Vormund unter Umständen eine Belohnung zuerkennen, zu deren Deckung jedoch während der Vormundschaft das Kapitalvermögen des Pupillen niemals verwendet werden darf. Eine jährliche Belohnung kann zugesprochen werden, falls sich von den Einkünften des Mündel= vermögens jährlich ein erheblicher Teil in Ersparung bringen läßt. Das Maximalausmaß setzt § 266 fest. Innerhalb dieser Maximalgrenze hat der Richter zu individualisieren. Läßt sich dagegen nur wenig oder nichts in Ersparung bringen, so kann dem Vormund nur bei seinem Austritte unter den Voraussetzungen des § 267 vom Gerichte eine nach dessen Ermessen zu bestimmende Belohnung zuerkannt werden. Die zugesprochene Belohnung er= scheint auch als Entgelt für Mühewaltung und Zeitverlust (vgl. hiemit dtsch. B.G.B. § 1836).

II. Mehrheit von Vormündern (209—214). Wegen des Zusammenhanges der vormundschaftlichen Hauptpflichten — Fürsorge für die Person und Vermögensverwaltung — soll grundsätzlich einem Kinde und selbst mehreren Kindern desselben Vaters nur ein Vor= mund bestellt werden (ebenso dtsch. B.G.B. § 1775). Doch ist die Bestellung **mehrerer Vormünder** (Mitvormünder i. w. S.) zulässig, wenn es das Beste des Mündels erheischt (vgl. dtsch. B.G.B. § 1775). Außerdem sind mehrere Vormünder zu bestellen:

a) wenn der **Vater** Mehrere berufen hat (§ 209, welcher Dispositivnorm ist, aber keine Vermutung i. techn. S. enthält). Hat der Vater nicht für alle Kinder einen Vor= mund ernannt, so kann der vom Vater Berufene, wenn nicht der väterliche Wille oder § 198 entgegensteht, auch für die übrigen Kinder bestellt werden; b) wenn mehrere gleich nahe und alte **Verwandten** als gesetzliche Vormünder erscheinen (§ 198); c) wenn eine **Mutter** oder **Großmutter** die Vormundschaft übernimmt. Diesen ist nämlich zu ihrer Unterstützung ein sog. **Mitvormund** beizugeben (§ 211); d) bei Kindern in **Findel**= oder **Waisenanstalten** im Falle des Erwerbes eines 500 fl. übersteigenden Ver= mögens (vgl. oben § 72).

Das zwischen **mehreren Vormündern** (contutores) bestehende **Rechtsverhältnis** ist zum Teil gesetzlich bestimmt. Mehrere Vormünder führen entweder die Vormundschaft unmittelbar, oder es sind einer oder einige von ihnen nur mit der Beaufsichtigung und der Unterstützung der anderen Vormünder durch Rat betraut. Erstere heißen **geschäfts= führende** (tutores gerentes s. administrantes), letztere **Ehrenvormünder** (tutores honorarii). (Im wesentlichen identisch mit letzteren ist der „Gegenvormund" des dtsch. B.G.B. [vgl. insbes. §§ 1799, 1792], an dessen Genehmigung eine Reihe von Akten der vormund= schaftlichen Verwaltung gebunden ist.) Der Ehrenvormund ist bloß für die Erfüllung seiner Aufsichts= und Beratungspflicht verantwortlich (vgl. dtsch. B.G.B. § 1833). Die unmittelbare Vermögensverwaltung kann zufolge gerichtlicher Verfügung oder Genehmigung in örtlicher Beziehung oder nach Geschäftszweigen verteilt sein (tutela divisa per regiones oder per partes). Jeder solcher **Specialvormund** ist tutor gerens seines Geschäftskreises, **zugleich** aber in der Regel **tutor honorarius** der übrigen Vormünder (vgl. hiemit dtsch. B.G.B. § 1797, 1798, 1792). Wird die gerichtlich nicht verteilte unmittelbare Vermögens= verwaltung von allen Vormündern gemeinschaftlich geführt, oder erfolgt die Teilung ohne gerichtliche Genehmigung, so haften die Vormünder in beiden Fällen, da eine solche Teilung nur die Kontrahenten bindet, nach außen hin aber keine Geltung hat, als Korrealschuldner, jedoch mit Regreßrecht gemäß § 896. Stets hat im Falle von contutores das Gericht die Obsorge über die Person des Mündels und ebenso die Hauptführung der Geschäfte je **einem** Vormunde zuzuweisen.

Der zur Unterstützung der Mutter oder Großmutter als Vormünderin bestellte **Mitvormund i. techn S.** (Nebenvormund) ist grundsätzlich nur beratendes und über= wachendes Organ der Vormünderin. Diese ist tutor gerens, jener Ehrenvormund. Daher obliegt dem Mitvormund nötigenfalls die gerichtliche Anzeige wahrgenommener Gebrechen in der Führung der Vormundschaft, wie auch die Beratung des Gerichtes durch sein Gutachten bei der gerichtlichen Genehmigung bedürftigen Geschäften. Die Haftung des Mitvormunds beschränkt sich auf den bezeichneten Wirkungskreis. Wurde dem Mitvormund die Vermögensverwaltung aufgetragen, so ist in Bezug auf diese seine Rechtsstellung die eines tutor gerens (Kurators). (Eine ähnliche Rechtsstellung wie der

Mitvormund i. techn. S. hat nach d. dtsch. B.G.B. §§ 1687—1697 in der Regel der „Beistand", welcher der Mutter, die ihre elterliche Gewalt ausübt [vgl. übrigens auch § 1707], unter Umständen beizugeben ist.)

§ 79. B) Die Fürsorge für die Person des Mündels. Erziehung und Unterhalt.

(§§ 216—221.)

Anders, Familienr., § 56 u. d. Litt. das. — Krainz=Pfaff, § 471, S. 454. — Stuben= rauch, ad §§ 216—221. — Huber i. d. Not.=Ztg. 1882, Nr. 19—22. — Chorinsky, S. 163 ff. — Ofner, Prot. I. S. 183, 184.

I. Der Gedanke, daß die vormundschaftliche Gewalt, auch hinsichtlich der Fürsorge für die Person des Mündels, als Surrogat der väterlichen Gewalt erscheint, im Interesse des Mündels aber eine grundsätzliche und weitgehende Einschränkung der ersteren durch die Obervormundschaft geboten sei, findet in der Bestimmung des § 216 einen Ausdruck. Denn dieser stellt zwar den Vormund in Bezug auf Recht und Pflicht zur Erziehung des Mündels dem Vater gleich, bestimmt aber auch, daß der Vormund in „wichtigen und bedenklichen Angelegenheiten" an die Genehmigung und die Weisungen des vormund= schaftlichen Gerichtes gebunden sei (vgl. dtsch. B.G.B. §§ 1800, 1801, 1837—1839, 1850). (Beispiele: Beabsichtigtes Abgehen von den väterlichen Anordnungen in Bezug auf Standeswahl, Erziehungsart, Aufenthalt, Verlegung des Domizils des Mündels in ein anderes Kronland oder ins Ausland.) Dem Vormund steht daher auch gleich dem Vater ein mäßiges Züchtigungsrecht zu. Auch § 145 ist sinngemäß anzuwenden (vgl. hiemit dtsch. B.G.B. § 1800). Die Erziehungsgewalt des Vormunds findet ihre notwendige Unterstützung und Ergänzung in der behördlichen Intervention (vgl. a. Str.G.B. §§ 237, 269—273, 525). Insbesondere kann unter Umständen die Abgabe des Mündels in eine Besserungsanstalt und nach zurückgelegtem 18. Lebensjahr in eine Zwangsarbeits= anstalt verfügt werden (Ges. v. 24. Mai 1885 R.G.B. 89 u. 90; vgl. dtsch. B.G.B. § 1838). Mißbrauch oder Vernachlässigung (§§ 177, 178) der Erziehungsgewalt des Vormunds verpflichtet die Behörde, den Minderjährigen, u. z. schon von Amtswegen, zu schützen (vgl. dtsch. B.G.B. §§ 1837, 1886).

Sind zur Erziehung des Mündels gesetzlich verpflichtete Verwandte desselben vorhanden (§ 143, vgl. oben § 63 Z. 2), so obliegt diesen die unmittelbare Fürsorge unter der Kontrolle und Leitung des Vormunds wie der Obervormundschaft (§§ 216—218; vgl. hiemit dtsch. B.G.B. §§ 1696—1698); es wäre denn, daß das Gericht aus Rücksicht für das Wohl des Mündels jene Personen von dieser Obsorge ausschließt (vgl. dtsch. B.G.B. § 1838). In Ermangelung von solchen Erziehungspflichtigen hat der Vormund für ge= eignete Unterbringung des Mündels zu sorgen, ist aber zu dessen Aufnahme in seine Wohnung nicht verpflichtet.

II. Den Betrag der Erziehungs= und Unterhaltskosten bestimmt das vormundschaftliche Gericht nach der jeweiligen konkreten Sachlage, vor allem im Anschluß an die Anordnung des Vaters, sodann mit Berücksichtigung des Gutachtens des Vormunds, des Vermögensstandes und anderer Verhältnisse des Mündels. Die Erziehungs= und Unterhaltskosten sind aus den etwaigen Einkünften des Mündelvermögens zu bestreiten. Reichen dieselben nicht hin, so darf mit gerichtlicher Genehmigung, falls es das Wohl des Mündels, namentlich seine Versorgung (vgl. oben § 63 Z. 4), erheischt und gesetzlich Unter= haltungspflichtige (§ 143) nicht in Betracht kommen, auch das Stammvermögen angegriffen werden. Ist der Minderjährige ganz mittellos, so tritt in Ermangelung alimentationspflichtiger Personen oder freiwilliger Alimentation, bis zur Erlangung der Selbsterhaltungsfähigkeit des Mündels die öffentliche Fürsorge ein.

C) Die vormundschaftliche Vermögensverwaltung.

Litteratur zu §§ 79, 80. — Anders, Familienr., § 57 u. d. Litt. das. — Krainz-Pfaff, § 471 u. d. Litt. das. — Stubenrauch, ad §§ 222—236. — Chorinsky, S. 150 ff., 233 ff. — Ofner, Prot. I. S. 185—190; II. S. 359—361, 514, 515.

§ 80. I. Einleitende Akte: Sperre, Inventarisierung, Schätzung (§§ 222—227).

Um eine verläßliche Grundlage für eine dem Mündel förderliche Vermögensverwaltung zu gewinnen, verpflichtet das geltende öst. R. das Gericht, sobald ihm die Notwendigkeit der Bestellung eines Vormundes bekannt wird, das Mündelvermögen zu erforschen und durch die sog. Sperre (vgl. Pat. v. 1854 § 45), durch Inventur und Schätzung sicherzustellen. Die Sperre ist nur zu verfügen, wenn es die Sicherstellung des Mündels erheischt. Die Inventarisierung, d. i. eine genaue Verzeichnung des Mündelvermögens, sowie die Schätzung desselben, muß ohne unnötigen Aufschub und zwar erstere „stets", selbst gegen ein väterliches Verbot, vorgenommen werden (vgl. dtsch. B.G.B. § 1802), während die Schätzung des unbeweglichen Vermögens bei vorhandener verläßlicher Wertermittlung unterbleiben kann. Besondere Normen gelten für Sperre, Inventur und Schätzung, wenn dieselbe einen Bestandteil der Verlassenschaftsabhandlung bilden (vgl. Pat. v. 1854 §§ 43—49, 92—113). In der Regel obliegen jene Akte dem Vormundschaftsgericht (nach b. dtsch. B.G.B. § 1802 obliegt die Inventarisierung grundsätzlich dem Vormund). In Ansehung des unbeweglichen Vermögens, zu welchem auch der fundus instructus zu zählen ist, steht jedoch die Vornahme der Realakte, d. i. der Inventur und Schätzung, ausschließlich der Realinstanz zu (Jur.N. v. 1. August 1895 § 117; a. b. G.B. §§ 225—227); und wenn ein unbewegliches Gut des Mündels in einem anderen Kronlande oder im Auslande liegt: so hat die dortige Realbehörde auch einen ihr verantwortlichen Kurator zur Verwaltung dieses Gutes zu bestellen.

§ 81. II. Die Verwaltung selbst.

Oberster Grundsatz (der auch im dtsch. B.G.B. scharf hervortritt) ist: die Verwaltung ist unter Beobachtung der gesetzlichen Vorschriften zum Besten des Mündels zu führen, und es ist daher der Vormund zu allen Akten berechtigt wie verpflichtet, welche die Erhaltung oder Vermehrung des Mündelvermögens bewirken können (§ 228, auch §§ 1009, 1029). Infolge der Entwicklung, welche die Obervormundschaft seit der zweiten Hälfte des 17. Jahrhunderts in Österreich genommen hat, wird die Vermögensverwaltung nach heutigem Recht (und zwar schon nach dem Jos.G.B.) vom Vormund und vom Gerichte geführt, das somit nicht mehr wie nach älterem Recht als bloßes Kontrollorgan erscheint. (Anders das dtsch. B.G.B., nach welchem die Führung der Vormundschaft grundsätzlich in den Händen des Vormundes liegt und nur die Aufsicht und Leitung dem Vormundschaftsgericht [bezw. dem Familienrat] zukommt; vgl. insbes. §§ 1837, 1872, sodann die Überschrift zu §§ 1793 ff., 1837 ff. Eine freiere Stellung dem Gericht gegenüber hat der Vormund im Falle der sog. „befreiten Vormundschaft" §§ 1852 ff. — Vgl. außerdem § 1803.) Diese Rechtsgestaltung des öst. R. findet in dem allgemeinen Grundsatze des § 233 einen Ausdruck, nach welchem der Vormund „in allen Geschäften, welche nicht zum ordentlichen Wirtschaftsbetriebe gehören, und welche von größerer Wichtigkeit sind", an die gerichtliche Einwilligung gebunden ist. Im agrarischen Auseinandersetzungs-Verfahren (Kommassation, Gemeinteilung u. s. w.) wird die Zustimmung der Vormundschaftsbehörde ersetzt durch jene einer Landes- oder Ministerial-Kommission (Ges. v. 7. Juni 1883 R.G.B. 92—94). Die vormundschaftliche Vermögensverwaltung wird durch zahlreiche Detailbestimmungen normiert, welche größtenteils als Durchführung der eben berührten allgemeinen Gesichtspunkte und Rechtssätze erscheinen (vgl. §§ 229—236 und Pat. v. 1854 §§ 187—189, 193—202, sodann die Vorschriften über das civilgerichtliche Depositenwesen und die kumulativen Waisenkassen in der Ausgabe von Manz Bd. 3).

I. Die Verwaltung des beweglichen Vermögens.

A. Zur Sicherung desselben wird nicht das ganze Mobiliarvermögen dem Vormund übergeben. Gewisse Vermögensobjekte unterliegen vielmehr der Verwahrung im gerichtlichen Depositenamte. (Vgl. dtsch. B.G.B. §§ 1814, 1815, 1817, 1818; auch § 1853, 1855.) Diese Objekte sind: a) Kostbarkeiten, insbef. Juwelen (vgl. § 678); b) wichtige Urkunden, insbef. Schuldurkunden (§ 229). Wertpapiere können, mit gerichtlicher Zustimmung, der öst.-ungar. Bank in Verwahrung (Verwaltung) gegeben werden (Vbg. v. 21. Juni 1893 R.G.B. 103); c) bares Geld. Von diesem erhält der Vormund nur den zur Erziehung des Mündels und zum ordentlichen Wirtschaftsbetriebe nötigen Vorschuß (§ 236), gewöhnlich auf ein Jahr und gegen Verrechnung (§§ 238, 239).

B. Die nach Deckung der Erziehungs- und Wirtschaftskosten erübrigende Barschaft ist auf die dem Mündel vorteilhafteste Art, in der Regel vor allem zur Tilgung vorhandener Schulden, zu verwenden. Läßt sich kein vorteilhafterer Gebrauch machen, so sind Vormund und Gericht (nach althergebrachtem Recht) für die baldmöglichste (vgl. § 235) Fruktifizierung (Fruchtbarmachung) derselben verantwortlich (§ 230). Die Ausführung der vom Gerichte nach Vernehmung des Vormunds bestimmten Anlegung kann dem letzteren überlassen werden (Pat. v. 1854 § 193). (Über die Anlegung von Mündelgeldern nach dem dtsch. B.G.B. vgl. §§ 1806—1811; auch §§ 1852, 1855.) Die gesetzlich gestatteten Arten der Fruktifizierung sind zunächst in § 230 und im Pat. v. 1854 § 194 enthalten. Letzteres nennt taxativ: 1. den Ankauf unbeweglicher Güter; 2. Darlehen an Privatpersonen gegen gesetzmäßige Sicherheit auf unbewegliche Güter. Diese sog. Pupillar- (oder Pragmatikal-) Sicherheit liegt (wie schon nach früherem Rechte) vor, wenn durch die hypothekarische Belastung mit Einrechnung der vorgehenden Lasten ein Haus nicht über die Hälfte, ein Landgut oder Grundstück nicht über zwei Drittteile seines behördlich ermittelten Wertes belastet wird (§ 230; entnommen dem Nachtragspat. z. Jof.G.B. v. 22. Januar 1791) (Über die Wertermittelung vgl. Pat. v. 1854 §§ 196, 197; über die Sicherstellung untauglicher Immobilien bezw. die Notwendigkeit der Versicherung vgl. Pat. v. 1854 §§ 200, 197, Hfd. v. 30. März 1840 J.G.S. 418; über den Inhalt des Schuldscheines und sonstige Vorsichten, sowie über die Zulässigkeit der gerichtlichen Nichtgenehmigung des Darlehnsvertrages trotz vorhandener Pupillarsicherheit vgl. Pat. v. 1854 §§ 195, 198; über kleine Darlehen an Privatpersonen vgl. Hfd. v. 29. September 1789 J.G.S. 1054); 3. Ankauf inländischer Staats- oder ihnen gesetzlich gleichgestellter öffentlicher Schuldverschreibungen (vgl. Pat. v. 1854 § 201); 4. Ankauf von Pfandbriefen des galizischen Bodenkreditvereins; 5. Die Anlegung in den mit öffentlicher Genehmigung bestehenden Sparkassen und bei dem Monte civico commerciale in Triest (Einlage jedoch nicht über 500 fl.) (vgl. auch Just.M.Vbg. v. 24. Februar 1882 Z. 19545 ex 1881); 6. Die Anlegung in den nach besonderen gesetzlichen Vorschriften eingerichteten gemeinschaftlichen (kumulativen) Waisenkassen. — Zahlreiche Specialvorschriften (vgl. dieselben in Stubenrauch ad § 230) gestatten noch andere Fruktifizierungsarten, insbef. den Ankauf von Grundentlastungsobligationen, von Eisenbahnprioritäts-Obligationen, von Obligationen gewisser Landesanlehen und städtischer Anlehen, von mit staatlicher Genehmigung und unter staatlicher Aufsicht ausgegebenen Pfandbriefen der zum Betriebe von Hypothekardarlehnsgeschäften begründeten Anstalten.

C. Zum Mündelvermögen gehörenden Schuldforderungen (vgl. dtsch. B.G.B., insbef. §§ 1809, 1812, 1816, 1819, 1820, auch §§ 1852, 1853) hat der Vormund die Beweisbarkeit, wenn Beweisurkunden fehlen, durch solche Urkunden zu sichern. Nicht sichergestellte Forderungen muß der Vormund so viel als möglich sicher zu stellen suchen, nötigenfalls für die Eintreibung zur Verfallszeit (§ 236, Pat. v. 1854 § 202) und die Verwendung des realisierten Forderungsobjektes Sorge tragen (§ 235). Von dieser Eintreibungspflicht enthält § 236 (entnommen der Vbg. v. 1. September 1789 J.G.S. 1046) eine an die daselbst bezeichneten Voraussetzungen gebundene Ausnahme, wenn die Eltern des Mündels die Schuldner sind. Die vorhandene, aber nicht gesetzesgemäße fruchtbringende Anlegung eines dem Mündel zufallenden Vermögens kann einstweilen beibehalten werden (Pat. v. 1854 § 202). Ein pupillarsicher anliegendes Mündelkapital kann nur im Notfalle oder zum offenbaren Vorteil des Pupillen mit gerichtlicher Genehmigung aufgekündet werden (§ 233).

Zur Erhebung eines Mündelkapitals, nicht auch der Zinsen, bedarf der Vormund der gerichtlichen Ermächtigung, deren Nichtvorweisung den Schuldner zur Zahlung unmittelbar an das Gericht berechtigt. Zahlung an den Vormund auf dessen bloße Quittierung hin befreit den Schuldner nur insoweit, als das Gezahlte wirklich vorhanden oder zum Nutzen des Pupillen verwendet worden ist (§§ 234, 1424, 1425).

D. Das außer der Barschaft vorhandene bewegliche Mündelvermögen ist in der Regel durch Veräußerung mittelst öffentlicher Feilbietung nutzbar zu machen, soweit es nicht zum Gebrauche des Mündels, zum Andenken der Familie oder nach Anordnung des Vaters aufzubewahren ist und auch nicht auf eine andere Art vorteilhaft verwendet werden kann (§ 231). Verlosbare Staatspapiere sind grundsätzlich nicht zu veräußern (Pat. v. 1854 § 201). Eine Veräußerung aus freier Hand kann zum offenbaren Vorteile des Mündels vom Gerichte bewilligt werden, ebenso der Verkauf von bei der öffentlichen Feilbietung nicht veräußerten Objekten, selbst unter dem Schätzungspreise. Um diesen kann das Gericht den Eltern und Miterben des Pupillen das Hausgeräte aus freier Hand überlassen (§ 231).

II. Verwaltung des unbeweglichen Vermögens. Grundsätzlich soll dieses wegen seiner großen ökonomischen Bedeutung (von den Fällen rechtlicher Notwendigkeit abgesehen) nicht veräußert (noch belastet), vielmehr ordentlich bewirtschaftet werden, eventuell durch Verpachtung mittelst öffentlicher Versteigerung (vgl. Pat. v. 1854 § 188). Veräußerungen von Immobilien (vgl. dtsch. B.G.B. § 1821) darf das Gericht nur in Notfällen oder zum offenbaren Vorteil des Mündels und in der Regel nur im Wege öffentlicher Feilbietung, und nur wegen wichtiger Gründe aus freier Hand bewilligen (§ 232). — (Über das sog. freie Mündelvermögen vgl. das folgende.)

§ 82. D) **Vertretung des Mündels durch den Vormund. Mitwirkung bei Rechtsgeschäften des Mündels.**

Anders, Familienr., § 58 u. d. Litt. das. — Krainz-Pfaff, § 471 u. d. Litt. das. — Stubenrauch, ad §§ 243—248, 865, 271, 272. — Chorinsky, S. 201 ff. — Ofner, Prot. I. S. 193—199; II. S. 362, 515; I. S. 188; II. S. 359, 360, 514, 515; I. S. 210; II. S. 9—11, 401, 555; II. S. 57, 171 ff.

Der Vormund ist gerichtlich bestellter Stellvertreter des Mündels (§ 1034), daher vom Vormund für den Mündel vorgenommene Rechtsgeschäfte, welche eine Stellvertretung überhaupt dulden, als vom Pupillen selbst vorgenommen gelten (§ 1017; vgl. dtsch. B.G.B. § 1793, dagegen §§ 1794—1796, 1804). Fehlt letzterem die juristische Willensfähigkeit gänzlich, so ist diese Stellvertretung eine rechtlich notwendige. Außer diesem Falle kann der Mündel auch selbst handeln. Fehlt ihm jedoch die erforderliche Geschäftsfähigkeit (vgl. §§ 244, 865), so setzt die Gültigkeit des vom Mündel vorgenommenen Rechtsgeschäftes die Zustimmung des Vormundes voraus. Dieser ergänzt hiemit die mangelnde Geschäftsfähigkeit des Mündels, welcher als Hauptperson des Rechtsgeschäftes erscheint, während der Vormund, als bloße Hilfsperson, dem auf diese Weise entstandenen Geschäfte fremd bleibt; (vgl. hiezu dtsch. B.G.B. §§ 107—109, 111). (Über die Mitwirkung des Vormunds bei der Eheschließung des Mündels vgl. oben § 3.) Der Zustimmung des Vormunds bedarf es nicht zu Rechtsakten des Mündels, welche das sog. freie Mündelvermögen betreffen (vgl. dtsch. B.G.B. §§ 110, 112, 113), da in Bezug auf dieses dem Mündel die Rechtsstellung eines Eigenberechtigten zukömmt. Das freie Mündelvermögen deckt sich (wie auch die Protokolle beweisen) mit dem freien Vermögen von Kindern in väterlicher Gewalt (vgl. daher S. 51). (Die Worte des § 151 „jedoch außer der Verpflegung der Eltern stehend" . . . kommen hier nicht in Betracht.) Über die Befugnis Minderjähriger zu selbständiger Erlegung und Erhebung von Sparbeträgen in den Postsparkassen vgl. Ges. v. 19. November 1887 R.G.B. 133. Der Vormund ist infolge der dem Mündel fehlenden Prozeßfähigkeit dessen notwendiger Prozeßvertreter und hat daher, wenn er den Mündel nicht selbst vertritt, für einen anderen Vertreter zu sorgen (§ 243, Civ.Pr.O. § 1; vgl. auch Pat. v. 1854 § 2). In Ehestreitigkeiten steht dem Minderjährigen das Selbstvertretungsrecht zu, soweit es sich um die persönlichen eherechtlichen Beziehungen handelt

(Hfd. v. 23. August 1819 J.G.S. Nr. 1595 § 5 und Vbg. des J.M. v. 9. Dez. 1897 R.G.B. Nr. 283 § 4). Auch in Rechtsstreitigkeiten, welche das freie Mündel=vermögen betreffen, ist der Minderjährige prozeßfähig (Civ.Pr.O. § 2; vgl. auch b. Ges. v. 14. Mai 1869 R.G.B. 63 über das Verfahren vor den Gewerbegerichten).

In einer Reihe von Fällen setzt die Gültigkeit des vom Mündel mit Zustimmung des Vormundes oder von diesem als Stellvertreter des Ersteren vorgenommenen Rechts=aktes die, grundsätzlich vorher zu erwirkende, **Genehmigung des vormundschaft=lichen Gerichtes** voraus (§§ 233, 865; vgl. auch Pat. v. 1854 § 189). Der allgemeine Grundsatz ist hier: der Vormund bedarf zu „**allen Geschäften, welche nicht zu dem ordentlichen Wirtschaftsbetriebe gehören und welche von größerer Wichtig=keit sind**", der obervormundschaftlichen Genehmigung. (Vgl. zum Folgenden dtsch. B.G.B. insbes. §§ 1821—1828 [auch §§ 1809—1816, 1819, 1820], welchen im wesentlichen der gleiche allgemeine Gesichtspunkt zugrunde liegt. Über die Wirkungen des Mangels der ge=richtlichen Genehmigung vgl. §§ 1829—1831.) Außer den (oben § 81) bereits angeführten Fällen erwähnt die Gesetzgebung, jedoch nicht taxativ, noch eine Reihe von an diese Ge=nehmigung gebundenen Rechtsakten, nämlich: a) die unbedingte Erbserklärung, die Aus=schlagung einer Erbschaft oder eines Legates, sowie die Annahme eines belasteten Legates (§ 233, Pat. v. 1854 § 76, 120; vgl. dtsch. B.G.B. § 1822 Z. 2); b) für gewisse ver=mögensrechtliche Verträge ist gerichtliche Genehmigung ausdrücklich vorgeschrieben; so für Veräußerungen (und Belastungen) der dem Vormund zur Verwahrung anvertrauten Güter, für Cessionsverträge und für Verpachtungen (§ 233; Pat. v. 1854 § 188; über Vermietungen ebenda §§ 188, 189), Ehepakten (§ 1219, 1250, vgl. oben § 33; vgl. auch § 106); c) die Neubegründung, Fortsetzung, Übertragung oder Aufhebung einer Fabrik, Handlung oder eines Gewerbegeschäftes (§ 233; vgl. dtsch. B.G.B. § 1823); d) wohl auch die Kontrahierung von Schulden (Darlehen) für den Mündel (arg. § 233 in Vbdg. mit § 234 und 1008); e) gewisse Dispositionen im Prozesse (des Mündels), nämlich Anerkenntnis, Verzicht, Ge=ständnis, Vergleich (§ 233), Schiedsvertrag, nicht auch der Antrag auf Beweisführung durch Parteienvernehmung (Art. XLI b. Einf.Ges. z. Civ.Pr.O. v. 1895). Ob sich der Vormund für den Mündel als Kläger oder Geklagter in einen Prozeß einlassen dürfe, hängt davon ab, ob der Rechtsstreit unter den allgemeinen Grundsatz des § 233 fällt oder nicht. Bildet der Prozeß das alleinige Mittel zur Erfüllung einer Verpflichtung des Vormundes, so bedarf er der gerichtlichen Bewilligung nicht (arg. §§ 1009, 1029). Die Redaktoren gingen davon aus, daß der Vormund zur Prozeßführung der gerichtlichen Zustimmung niemals bedürfe (vgl. die Protokolle). Vertretungsrecht und =Pflicht des Vormundes sind ausgeschlossen, wenn zwischen Vormund (bezw. Mitvormund) und Mündel Rechtsgeschäfte eingegangen werden sollen, oder wenn zwischen mehreren Mündeln desselben Vormunds Rechtsstreitigkeiten vorfallen (§§ 271, 272; vgl. hiemit dtsch. B.G.B. §§ 1795, 1796). Zum Schutze des Mündels ist in solchen Fällen ein curator ad hoc (actum), und zwar im Falle des § 272 für jeden der mehreren Mündel zu bestellen. Für Rechtsstreitigkeiten zwischen Vormund und Mündel gilt § 193, 254.

§ 83. E) **Die Rechnungslegung während der Vormundschaft.**
(§§ 238—242, 210, 225; Pat. v. 1854, §§ 203—214, 19; Hfd. v. 3. Febr. 1826, J.G.S. 2158, v. 30. Juni 1785 J.G.S. 448, v. 15. Dez. 1783, J.G.S. 221, v. 26. April 1790, J.G.S. 17; G v. 28. Juli 1850, R.G.B. 255.)

Anders, Familienr., § 59 u. b. Litt. daf. — Krainz=Pfaff, §§ 471, 477. — Stuben=rauch, ad §§ 238—242, 262. — Chorinsky, S. 274 ff. — Ofner, Prot. I. S. 191—193, 200, 201; II. S. 361; I. S. 181, 182, 185; II. S. 358, 514.

Die gerichtliche Kontrolle des Vormundes wird in hervorragendem Maße durch die althergebrachtem Rechte entsprechende Verpflichtung desselben gefördert, über die ihm anver=traute Verwaltung dem Gerichte auch ohne vorhergehende Aufforderung **jährlich einmal Rechnung zu legen** (vgl. dtsch. B.G.B. §§ 1840—1843, 1854, 1872). Auch hat der Vormund über wichtige Veränderungen in den persönlichen Verhältnissen des Mündels, also nicht notwendig jährlich (vgl. die Protokolle) dem Gerichte Bericht zu erstatten. Von der Verpflichtung zur Rechnungslegung kann der Vormund sowohl durch den Erblasser in Ansehung des von ihm dem Mündel freiwillig Zugewendeten (also nicht des Pflichtteils), als durch das Gericht befreit werden (sog. rechnungsfreie Verwendung § 238, Pat. v. 1854 § 203). Diese Befreiung entbindet aber den Vormund der Pflicht nicht, das Stammvermögen des Mündels, selbst jährlich, auszuweisen. (Über die Befreiung von der Rechnungslegung durch die Eltern des Mündels [sog. befreite Vormundschaft] nach b. dtsch. B.G.B. vgl. das. § 1854.)

Die Rechnungslegung hat längstens innerhalb zweier Monate nach Ablauf des Rechnungsjahres, dessen Beginn das Gericht bestimmt, und zwar in der Regel schriftlich zu erfolgen. Bei Bezirksgerichten ist mündliche Rechnungslegung zu gerichtlichem Protokoll zulässig. Den wesentlichen Inhalt der Rechnung, als deren Grundlage das zu Beginn der Rechnungsperiode vorhandene und ausgewiesene Vermögen erscheint, bildet der genaue Nachweis der Einnahmen und Ausgaben, der Vermehrung oder Verminderung dieses Vermögens, daher auch die Berechnung des reinen Betrages desselben (vgl. auch dtsch. B.G.B. § 1841). Regelmäßig ist über das Mündelvermögen nur eine Rechnung zu legen. Mehrere verwaltende Vormünder sind zu gemeinschaftlicher, bei gerichtlich verteilter Verwaltung aber nur zu getrennter Rechnungslegung verbunden. Im letzteren Falle sind die Specialrechnungen von dem Vormunde, dem die Hauptführung der Geschäfte obliegt, in eine Gesamtrechnung zu vereinigen. Liegen Immobilien des Mündels außerhalb des Kronlandes, in dem sich die Pupillarinstanz befindet, so muß der Vormund, dem die Verwaltung dieser Güter anvertraut ist, für alle einer Realinstanz unterworfenen Güter dieser letzteren eine Specialrechnung legen und nur den Summarextrakt aus allen Specialrechnungen der Pupillarinstanz vorlegen. Der Ertrag (Überschuß) aus diesen Gütern kann aber auch in dem Kronlande verwendet werden, in dem sich die Pupillarinstanz befindet. Specialrechnungen können sich außerdem, abgesehen von der Befugnis der Obervormundschaft, solche zu verlangen, ergeben, wenn zum Mündelvermögen eine Bergwerksrealität, eine Handlung oder Fabrik gehört, oder wenn der Mündel an Handels- und Fabriksgesellschaften teilnimmt (vgl. dtsch. B.G.B. § 1841). Zur rechtzeitigen Erfüllung seiner Rechnungspflicht kann das Gericht den Vormund durch angemessene Zwangsmittel verhalten und unter Umständen die rückständige Rechnung durch einen Rechnungsverständigen auf Kosten des Vormunds anfertigen lassen. Die vorgelegten Rechnungen müssen, wenn sie einfach sind, womöglich vom Richter selbst, sonst aber auf Veranlassung des Vormundschaftsgerichtes nach den bestehenden besonderen Vorschriften durch Rechnungs- bezw. Sachverständige genau, und zwar nicht bloß kalkulatorisch nach den Belegen, sondern auch sachlich geprüft und vom Gerichte überprüft werden (vgl. dtsch. B.G.B. §§ 1842, 1843, 1854, 1872). Die Erledigung hat durch gerichtliches Dekret so bald als möglich zu erfolgen, nötigenfalls nach Erläuterung oder Umarbeitung durch den Vormund. Die Rechnungserledigung vermag an den Ansprüchen des Vormunds wie des Mündels nichts zu ändern; sie erfolgt stets „salvo errore calculi, doli et ommissionis" (sog. Reservatspunkt).

4. Kapitel. Endigung der Vormundschaft.

Anders, Familienr., § 60 u. d. Litt. das. — Krainz-Pfaff, §§ 474—477 u. d. Litt. das. — Stubenrauch, ad §§ 249—263. — Chorinsky, S. 295 ff., 315 ff. — Ofner, Prot. I. S. 199—204; II. S. 362—364, 315; I. S. 164, 165; II. S. 356, 357.

§ 84. I. Endigungsgründe.

(§§ 249—260, 175; Just.Min.Erl. v. 19. März 1812, Z. 2712, auch Str.G.B. §§ 417, 418.)

Diese bewirken entweder, daß der Mündel dauernd oder zeitweilig vormundschaftsfrei wird (absolute Endigung) oder daß die Vormundschaft bloß für den Vormund aufhört (relative Endigung). (Vgl. zum folgenden dtsch. B.G.B. §§ 1882—1889, §§ 2—5.)

A) Absolute Endigung.

1. Gänzlich erlischt die Vormundschaft durch den Tod des Mündels (vgl. dtsch. B.G.B. § 1884).

2. Durch Erreichung des Alters der Großjährigkeit (Volljährigkeit) wird der Mündel auf immer vormundschaftsfrei (vgl. dtsch. B.G.B. § 2). Doch kann das Gericht vor Eintritt der Großjährigkeit, auf Ansuchen oder von Amtswegen, nach Vernehmung des Vormundes und der Verwandten die Verlängerung der Vormundschaft verfügen. Die verlängerte Vormundschaft endigt spätestens mit der Enthebung des Vormundes wegen Wegfalls des Verlängerungsgrundes. Über diesen Endigungsgrund sowie die Verlängerung der Vormundschaft vgl. das oben § 65 sub B. bemerkte.

3. Durch ausdrückliche oder stillschweigende Entlassung aus der Vormundschaft (vgl. hiezu S. 53) wird der Mündel auf immer vormundschaftsfrei. Die ausdrückliche Entlassung, Groß- oder Volljährigkeitserklärung ("Nachsicht des Alters", venia aetatis), kann das vormundschaftliche Gericht nach Vernehmung des Vormunds und allenfalls der nächsten Verwandten aussprechen, wenn der mindestens 20jährige Mündel darum ansucht und das Gericht sich die Überzeugung verschafft hat, daß die Entlassung dem Minderjährigen wie Dritten wenigstens nicht nachteilig sein werde (ähnlich dtsch. B.G.B. § 3—5, welches jedoch das vollendete 18. Lebensjahr verlangt). Stillschweigende Entlassung liegt vor, wenn dem wenngleich noch nicht 20jährigen Mündel auf Grund der Zustimmung des Vormunds und des Gerichtes von der Gewerbebehörde der selbständige Gewerbebetrieb gestattet wird.

4. Kommt der Minderjährige unter väterliche Gewalt: so hört die Vormundschaft von selbst auf (arg. § 187). Dieser Fall kann eintreten infolge von Legitimation und Adoption des Mündels (vgl. S. 53 u. oben § 68 Z. III), der Hemmung oder zeitlichen Suspension der väterlichen Gewalt (vgl. S. 53; vgl. dtsch. B.G.B. §§ 1882, 1883).

5. Die Verehelichung hebt die Vormundschaft nicht auf. Wohl aber wird im Falle der Verehelichung einer Minderjährigen die Vormundschaft in analoger Weise, wie die väterliche Gewalt, für die Dauer der ehelichen Gemeinschaft gehemmt (vgl. S. 53 sub D).

B) Relative Endigung.

Sie tritt durch den Tod wie durch die gerichtliche Todeserklärung des Vormunds ein (vgl. dtsch. B.G.B. § 1885). Hiervon abgesehen erlischt die Vormundschaft (bloß für den Vormund) und zwar unmittelbar: a) durch den Eintritt der Handlungsunfähigkeit (Geisteskrankheit) des Vormunds (vgl. dtsch. B.G.B. § 1885); b) durch Konkurseröffnung über sein Vermögen (arg. § 1024; vgl. dtsch. B.G.B. § 1781); c) durch Eintritt des vom Vater oder Gerichte gesetzten Endtermins oder sonstigen Endigungsgrundes; d) durch die Aufnahme des Mündels in eine Findel- oder Waisenanstalt (vgl. oben § 72). In diesen Fällen bildet die von Amtswegen vorzunehmende „Entlassung" des Vormunds die Folge, nicht den Grund der Endigung der Vormundschaft.

Durch Entlassung seitens des Vormundschaftsgerichtes endigt die Vormundschaft (für den Vormund) bei Vorhandensein gewisser Thatsachen (mittelbare Endigungsgründe), welche das Gericht zur Entlassung verpflichten oder nur berechtigen. a) Von Amtswegen verpflichtet zur Entlassung (Entsetzung des Vormunds, „Balmunden" nach dtsch. R.) im Wege des außerstreitigen Verfahrens bezw. nach durchgeführtem Strafprozeß (Str.G.B. §§ 417, 418) ist das Gericht, wenn der Vormund „die Vormundschaft pflichtwidrig verwaltet" (ebenso dtsch. B.G.B. § 1886). b) Die Entlassung von Amtswegen ist vom Gericht außerdem zu verfügen, falls ein, wenngleich schon bei Übernahme der Vormundschaft, vorhandener Ausschließungsgrund (vgl. oben § 76) zur Kenntnis des Gerichtes gelangt (vgl. dtsch. B.G.B. § 1886). Zur Anzeige eines solchen ist der Vormund verpflichtet. Im Falle der strafgerichtlichen Verurteilung des Vormunds wegen eines Verbrechens ist die Entlassung grundsätzlich in das Ermessen des Gerichtes gestellt (§ 191, Ges. v. 15. Nov. 1867 R.G.B. 131). c) In der Regel hat das Gericht, und zwar von Amtswegen, die Entlassung einer Vormünderin im

Falle ihrer **Wiederverehelichung**, die von der Vormünderin oder dem Mitvormund anzuzeigen ist, zu verfügen (vgl. dtsch. B.G.B. § 1887). Doch kann das Gericht nach seinem Ermessen dem Ansuchen der Vormünderin um Fortführung der Vormundschaft stattgeben (arg. § 255 „verwilligen"; vgl. auch die Protokolle). d) In folgenden Fällen ist der Vormund zwar nicht von Amtswegen, aber **auf Begehren zu entlassen**: 1. wenn der Vormund seine Entlassung wegen eines nach Übernahme der Vormundschaft eingetretenen **Befreiungsgrundes** (§ 195) verlangt (vgl. auch dtsch. B.G.B. § 1889); 2. wenn das nähere Recht oder die nähere Pflicht zur Übernahme der Vormundschaft geltend gemacht wird (vgl. dtsch. B.G.B. §§ 1776, 1778, 1779). Der nach Bestellung des Vormunds entdeckte tutor testamentarius könnte also verlangen, daß er an die Stelle des tutor legitimus oder dativus gesetzt werde; und dieser könnte die Übernahme der Vormundschaft durch die ersteren begehren. Ein gesetzlicher Vormund könnte im Falle der Bestellung eines Nichtverwandten zur Vormundschaft auf letztere Anspruch machen. Ein zum Vormund bestellter entfernterer Verwandter kann einen später entdeckten näheren Verwandten, umsomehr also ein bestellter Nichtverwandter einen später entdeckten Verwandten an seine Stelle vorschlagen. Der nähere Verwandte kann dagegen die Abtretung der Vormundschaft von einem entfernteren Verwandten nur in den zwei Ausnahmefällen begehren: a) wenn ersterer früher gehindert war, sich um die Übernahme zu melden; b) die Mutter und der Bruder können die Abtretung der Vormundschaft begehren, wenn sie zur Zeit der Bestellung des Vormunds minderjährig waren und gemäß § 198 die Nächstberechtigten sind. In den eben erwähnten Fällen (§ 259 per analogiam) muß der Anspruch auf Übernahme der Vormundschaft binnen Jahresfrist erhoben werden.

§ 85. II. Folgen der Endigung der Vormundschaft.

(§§ 261—263, 238, 249; Pat. v. 1854, §§ 215—218; Hfd. v. 1. Juli 1835, J.G.S. 48.)

Als eine Konsequenz der Normen über die vormundschaftliche Rechnungslegung und einer ordentlichen Wirtschaftsführung erscheint die Bestimmung, daß der Vormund, wenn nicht das Beste des Mündels die frühere Entlassung erheischt, erst am Ende des vormundschaftlichen Jahres und nach ordentlicher Übernahme der Vermögens-Verwaltung durch den etwaigen Nachfolger (Vormund, Vater, Ehemann), vom Gerichte enthoben werden dürfe.

Die **Auseinandersetzung** zwischen Vormund und Mündel nach geendigter Vormundschaft (vgl. hierüber dtsch. B.G.B. §§ 1890—1893) erfolgt, entsprechend der heutigen Gestaltung der Obervormundschaft, **mit Intervention des vormundschaftlichen Gerichtes** (anders das röm. R.).

Die **Schlußrechnung**, auf welche im allgemeinen die für andere Vormundschaftsrechnungen geltenden Vorschriften Anwendung finden (vgl. oben § 83), ist daher vom Vormund (oder seinen Erben u. zw. innerhalb zweier Monate nach geendigter Vormundschaft bezw. der Erbserklärung) dem Gerichte zu legen. Von der Legung der Schlußrechnung ist der Vormund entbunden, wenn das Gericht oder der Vater demselben die Rechnungslegung überhaupt erlassen (vgl. dageg. dtsch. B.G.B. § 1854) oder der eigenberechtigte Mündel den Vormund von der Schlußrechnung befreit hat. Doch muß im ersteren Falle das Stammvermögen, daher auch dessen etwaige Verminderung, ausgewiesen werden (vgl. S. 75). „Nach gepflogener Richtigkeit" der Schlußrechnung, sowie im Falle ihrer Erlassung, hat das Gericht dem Vormund das sog. **Absolutorium**, d. i. „eine Urkunde über die redlich und ordentlich geführte Verwaltung seines Amtes," auszustellen. Dadurch wird aber der Vormund von der Haftung aus einer später entdeckten arglistigen Handlung nicht befreit. (Über die Bemängelung der Schlußrechnung vgl. Pratobeveras Materialien Bd. VII S. 368.) Der eigenberechtigt gewordene Mündel oder sein Erbe kann die Ausfolgung sämtlicher Vormundschaftsrechnungen nach gelegter Schlußrechnung begehren.

Mit der Endigung der Vormundschaft hört die vormundschaftliche Gewalt in jeder Beziehung auf. Der Vormund ist daher zur Rückgabe des Vormundschaftsdekretes verbunden (ebenso dtsch. B.G.B. § 1893). Geschäfte, die keinen Aufschub erleiden, hat er einstweilen fortzuführen (arg. §§ 1025, 1022, vgl. dtsch. B.G.B. §§ 1893, 1895). Das in den Händen des Vormunds befindliche Mündelvermögen ist vom abtretenden Vormund oder seinen Erben auf Weisung des Gerichtes an den eigenberechtigt gewordenen Mündel oder seine Erben, oder an denjenigen **herauszugeben** (vgl. auch dtsch. B.G.B. § 1890), der an die Stelle des Vormundes tritt. Dem eigenberechtigten Mündel ist sein **gesamtes** Vermögen, also auch das bei Gericht befindliche, auf Grund des Inventars und der erledigten Rechnungen gegen Empfangschein zu übergeben. Die Herausgabe des Mündelvermögens ist im offiziösen Wege zu bewirken. Das in den Händen Dritter befindliche Vermögen kann nur im Prozeßwege begehrt werden. Über die Erfolglassung an gewisse Militärpersonen vgl. Pat. v. 1854 § 218. Über die Wirkungen des unterbliebenen Ansuchens des gewesenen Mündels um Erfolglassung vgl. Pat. v. 1854 § 217, auch Vdg. d. Just.- u. Fin.-Min. v. 15. August 1859 R.G.Bl. 154. — Mit der Entlassung des Vormunds erlischt die von ihm bestellte Sicherheit (vgl. oben § 78 Z. I). Aus der Vormundschaft entspringende, noch nicht erledigte Ansprüche (vgl. dtsch. B.G.B. § 1843) des Mündels gegen den Vormund, welche die Rechnungslegung, Ersatz oder die Herausgabe von Bestandteilen des Mündelvermögens betreffen können, sind durch Klage vor dem Prozeßgericht (actio tutelae **directa**) geltend zu machen. Das Gleiche gilt von den Ansprüchen des Vormunds aus der Vormundschaft, welche insbesondere Ersatz- oder Honoraransprüche sein können (a. tutelae **contraria**). — Über den Einfluß der Endigung der Vormundschaft auf Verjährung und Ersitzung vgl. § 1495.

2. Abteilung. Die Kuratel.

1. Kapitel. Vormundschaft über Großjährige.

Anders, Familienr., § 61 u. d. Litt. das. — Krainz-Pfaff, §§ 78, 478, 479 u. d. Litt. das. — Stubenrauch, ad §§ 269, 270, 273, 275, 276, 279, 280—283. — Unger, System des öst. Privatr. I. § 38; II. §§ 25, 31, 32. — Chorinsky, S. 355 ff. — Ofner, Prot. I. S. 207—210; II. S. 364, 365, 515.

§ 86. I. Fälle der Bevormundung.

Das deutsche B.G.B. (§§ 1896 ff.) ordnet eine Vormundschaft über Großjährige nur an in den Fällen der Entmündigung (§ 6). Ist diese bloß beantragt, so ist die Vormundschaft nur eine vorläufige (§ 1906).

Nach öst. R. (dem die Vormundschaft über Trunksüchtige fremd ist) kommen folgende Fälle in Betracht:

1. Die Vormundschaft (Kuratel) über **Geisteskranke** (cura furiosi et dementis) (§§ 270, 273; Pat. v. 1854 §§ 183, 185; Vdg. d. Min. d. J. u. d. Just. v. 14. Mai 1874, R.G.Bl. 71; Erl. d. Wiener Ob.L.G. v. 25. Januar 1874, Z. 24075, u. Berg-Ges. v. 23. Mai 1854 § 189). Geisteskranke (Wahnsinnige, Blödsinnige, vgl. § 21) stellt das öst. R. (wie schon das röm. R.) im öffentlichen wie im Privatinteresse unter Kuratel (dtsch. B.G.B. § 1896, § 6). Die Verhängung der Kuratel, von welcher der Notar, in dessen Sprengel sich der Fall ereignet, sowie die Irrenanstalt, in welcher sich der Kranke befindet, zu verständigen ist, setzt die Durchführung des von Amtswegen einzuleitenden **Entmündigungs-(Implorations-)Verfahrens** voraus. Die Entmündigung, welche durch gerichtliches Edikt öffentlich bekannt zu machen ist, darf nur erfolgen, wenn die Geisteskrankheit durch das Gericht nach genauer Erforschung des Betragens des angeblich Geisteskranken und eingeholtem Gutachten sachverständiger Ärzte, erforderlichenfalls auch nach Einvernehmung des zu Entmündigenden und ihm nahestehender Personen, mit voller Sicherheit festgestellt wird. Schon während des Entmündigungsverfahrens ist dem angeblich Geisteskranken, der seine Angelegenheiten nicht zu besorgen vermag, auf Grund der §§ 188 und 269 ein Kurator zu bestellen (nach b. dtsch. B.G.B. § 1906 ein vorläufiger Vormund).

2. Die Vormundschaft (Kuratel) über Verschwender (cura prodigi) (§ 273, dtsch. B.G.B. §§ 1896, 1906, § 6). Die Kuratelverhängung wegen Verschwendung setzt die Durchführung des stets nur auf Anzeige einzuleitenden Entmündigungs= oder Interdiktionsverfahrens und die richterliche Prodigalitätserklärung voraus, welche öffentlich bekannt zu machen ist. Diese darf aber nur erfolgen, wenn sich aus der gerichtlichen Untersuchung ergiebt, daß der Verschwender durch leichtsinnige Vermögensgebarung die Besorgnis eines Notstandes für ihn selbst oder seine Familie erweckt (ähnlich dtsch. B.G.B. § 6). Das schon dem röm. R. bekannte, in Österreich durch das Josef. G.B. aufgehobene und durch das Pat. v. 22. Februar 1791 J.G.S. 115 wiederhergestellte Institut der Prodigalitätserklärung bezweckt nach öst. R. vor allem den Schutz der Familie des Verschwenders, wie dieses letzteren selbst, und seine dauernde Besserung.

3. Vormundschaft (Kuratel) über Gebrechliche (Bresthafte, Preßhafte, cura debilium) (§§ 187, 269, auch §§ 191 und 21). Aus den allgemeinen Normen über die Voraussetzungen einer Kuratel, sowie aus dem Zwecke dieses Instituts folgt, daß Personen, welche wegen physischer oder geistiger (nicht als Wahn= oder Blödsinn erscheinender) Gebrechen dauernd unfähig sind, ihre Rechtsangelegenheiten selbst zu besorgen (wie nach röm. und dtsch. R.) einen Kurator (Vormund) erhalten müssen (vgl. dtsch. B.G.B. §§ 1896, 1906, § 6 Z. 1, § 1910). Ein Entmündigungsverfahren wie in den Fällen 1 und 2 findet hier nicht statt (vgl. dag. dtsch. B.G.B. § 6), wohl aber ediktale Kundmachung. Eine specielle Normierung dieses Kuratelfalles fehlt dem öst. Rechte. Die Frage, ob Taubstumme, bloß wegen dieses ihres Gebrechens, verlangen können, unter Kuratel gesetzt zu werden, bejaht die herrschende Meinung, welche somit hierin den einzigen dem öst. R. eigenen Fall einer freiwilligen Kuratel erblickt (arg. § 275, vgl. auch dtsch. B.G.B. § 1910 i. f.). Dagegen wird jedoch eingewendet, daß nur bei vorhandenem Schutzbedürfnis (im Sinne der §§ 187 und 269) eine Kuratel (Vormundschaft) bestellt werden kann, aber auch bestellt werden muß (vgl. die imperative Fassung dieser Paragraphen: "hat"). Nicht bevormundete Taubstumme sollen übrigens vor Gericht nie ohne Rechtsbeistand (Sachwalter) erscheinen (§ 275).

4. Die Kuratel über Abwesende (cura absentis) hat in der Regel den Charakter einer Pflegschaft (vgl. unten § 89 Z. 5).

§ 87. **II. Die Rechtsverhältnisse der Vormundschaft über Großjährige. Endigung der Vormundschaft.**

Auf die Vormundschaft über Großjährige finden grundsätzlich die Bestimmungen über die Altersvormundschaft sinngemäße Anwendung (ebenso dtsch. B.G.B. § 1897, welches jedoch eine Reihe von Ausnahmen von diesem allgemeinen Grundsatze enthält; vgl. §§ 1898—1905, 1907). Dieser Grundsatz gilt namentlich in Bezug auf die Ausschließungs= und Ablehnungsgründe, die Berufungsgründe und die damit zusammenhängenden Vorzugsrechte, die Art und Weise der Bestellung des Kurators, seine Rechtsstellung, sowie jene des Kuratelgerichtes, insbesondere hinsichtlich der Vermögensverwaltung (vgl. §§ 280, 282, Pat. v. 1854 § 219; vgl. auch § 1495; § 1494 gilt aber nicht für Verschwender).

Die Vormundschaft über Geisteskranke, von welcher öffentliche Sanitätsbeamte ausgeschlossen sind (Hfkzd. v. 6. August 1823), verpflichtet zur Fürsorge für die Person des Kuranden nach den Grundsätzen der Altersvormundschaft, jedoch nicht zur Erziehung (§ 282; vgl. auch Vdg. v. 14. Mai 1874 R.G.B. 71 u. oben § 71.; vgl. dtsch. B.G.B. § 1901).

In Bezug auf die Handlungsunfähigkeit des Geisteskranken hat die Entmündigung zunächst deklarative Bedeutung, da sie erklärt, daß der Entmündigte geisteskrank und daher handlungsunfähig sei. Konstitutiv aber ist die Entmündigung, weil sie bewirkt, daß der Geisteskranke fortan und bis zur Aufhebung der Kuratel, letztwillige Verfügungen und unerlaubte Handlungen ausgenommen, selbst in lichten Zwischenräumen absolut handlungsunfähig ist (vgl. dtsch. B.G.B. § 104 Z. 3).

Der gerichtlich erklärte **Verschwender** wird durch die Probigalitätserklärung, also von ihrer Kundmachung oder früher erfolgter Zustellung an, in seiner Handlungsfähigkeit derart beschränkt, daß seine Rechtsstellung im wesentlichen die eines **mündigen Minderjährigen** ist (vgl. insbes. §§ 865, 49 [abweichend dtsch. B.G.B. § 114]; Ausnahmen: § 568; vgl. auch §§ 1210, 1494). Die cura prodigi verpflichtet den Kurator zwar zur Fürsorge für die Person des prodigus, dagegen nicht zu dessen Erziehung (vgl. dtsch. B.G.B. § 1901).

Auch dem Kurator eines **Bresthaften** obliegt im allgemeinen die gleiche Fürsorge für Person und Vermögen des Pflegebefohlenen (dtsch. B.G.B. §§ 1901, 1910). Die natürliche oder durch specielle Bestimmungen (vgl. z. B. §§ 580 ff., § 591, Ges. v. 25. Juli 1871 R.G.B. 76) normierte Handlungsfähigkeit des Kuranden wird durch eine solche Kuratel, ihrem Zwecke entsprechend, nicht berührt (vgl. jedoch dtsch. B.G.B. § 114).

Die nicht mit der Minderjährigkeit des Mündels zusammenhängenden **Endigungsgründe** der Alters-Vormundschaft sind sinngemäß auch auf die Vormundschaft über Großjährige anzuwenden. Jedenfalls hört letztere auf, sobald, nach Hinwegfall des Grundes der Bevormundung, das Kuratelsgericht die auf Ansuchen des Pflegebefohlenen öffentlich kundzumachende Aufhebung der Kuratel wegen Wegfalls ihres Grundes ausspricht (§ 283; vgl. dtsch. B.G.B. §§ 6, 1908, auch § 115). Dieser Ausspruch hat bei der Kuratel über Geisteskranke und Verschwender nur bei Vorhandensein der speciellen Voraussetzungen des § 283 zu erfolgen (vgl. auch die cit. Vbg. v. 1874 u. d. Erl. d. nied.=öst. Ob.L.G. v. 20. Februar 1878 Z. 21 004).

2. Kapitel. Die Kuratel i. e. S. oder Pflegschaft.

Anders, Familienr., § 62 u. d. Litt. das. — Krainz-Pfaff, §§ 478, 479 u. die i. § 478 cit. Litt., insbes. das. S. 469 Anm. 8 a, b. u. S. 470, 471 Anm. 14 a, b. — Stubenrauch, ad §§ 269—272, 274, 113, 276—283. — Ofner, Prot. I. S. 207, 210, 211; II. S. 364, 365, (516).

§ 88. I. Personen, die aus rechtlichen oder faktischen Gründen „ihre Angelegenheiten nicht selbst besorgen können, hat das Gericht, wenn die väterliche oder vormundschaftliche Gewalt nicht Platz findet" und nicht das Bedürfnis einer generellen Fürsorge vorliegt, einen **Kurator** i. e. S. oder **Pfleger** zu bestellen (§ 269, vgl. S. 62; vgl. dtsch. B.G.B. insbes. § 1909, sodann §§ 1794, 1795). Somit ist die Reihe der Pflegschaftsfälle keine geschlossene; es mag nun ein Pfleger bestellt werden für einzelne Streitsachen und Geschäfte (cura ad actum, ad hoc) oder für die Besorgung eines größeren Kreises von Angelegenheiten, insbesondere für die Verwaltung des Vermögens einer bestimmten Person (cura personarum) oder eines Vermögens als solchen (cura bonorum, Güterpflege). In vielen Fällen ist eine Pflegschaft gesetzlich angeordnet. Nur in einigen Fällen liegen ausgestaltete Institute vor. Zumeist ist für die Gestaltung der Pflegschaft der Anlaß und Zweck derselben, daher auch der Inhalt der Bestellungsurkunde entscheidend. Subsidiär sind die Normen über die Altersvormundschaft sinngemäß anzuwenden (vgl. z. B. §§ 280—282; vgl. auch dtsch. B.G.B. § 1915). Weitgehende Abweichungen von diesen Normen (vgl. dtsch. B.G.B. §§ 1915 ff.) ergeben sich namentlich aus dem Institute der Advokatur (vgl. z. B. Hfd. v. 18. Juni 1800 J.G.S. 503) und bei der cura ad actum.

Die Pflegschaft **endigt** mit dem Wegfall ihres Grundes, insbesondere also, wenn das dem Kurator anvertraute Geschäft zu Ende geführt ist oder das Bedürfnis der Vermögensverwaltung durch einen Kurator aufgehört hat (§ 283; vgl. auch dtsch. B.G.B. §§ 1918—1921). Eine Reihe von Fällen der Pflegschaft liegt gänzlich außerhalb des Rahmens des Familienrechtes.

§ 89. II. Einzelne Fälle der Pflegschaft.

1. Eine Pflegschaft kann nötig werden neben der **väterlichen** oder **vormundschaftlichen** Gewalt, wenn und insoweit dieselbe aus rechtlichen oder faktischen

Gründen nicht ausgeübt werden kann (vgl. dtsch. B.G.B. insbes. §§ 1909, 1794—1796). Hierher gehörige Fälle sind: Bestellung eines curator ad hoc wegen Interessenkollision gemäß §§ 271, 272 (vgl. auch Pat. v. 1854 § 77 Z. 1) (vgl. S. 52), oder für ein Kind wegen bestrittener Ehelichkeit (§§ 158, 121, vgl. oben § 62), oder wegen Nichtbefolgung der Weisungen des Gerichtes durch den Vormund (Kurator) (Pat. v. 1854 § 19, Hfd. v. 26. April 1790 J.G.S. 17), oder im Falle des § 51; Bestellung eines Kurators, wenn dem Vater gemäß §§ 177 oder 178 die Verwaltung des Kindesvermögens abgenommen wird (vgl. S. 51); Anordnung einer Kuratel für gewisse Vermögensbestandteile infolge Privatdisposition oder gesetzlicher Bestimmung (vgl. §§ 149, 197, 209, 225, Pat. v. 1854 § 206).

2. **Kuratel des Vaters oder Vormundes neben der ehemännlichen Gewalt** im Falle der Verehelichung des Kindes oder Mündels: der einzige Fall einer gesetzlichen Kuratel im engsten Sinne; **Kuratel des Ehemannes im Falle der Minderjährigkeit der Gattin** (§§ 175, 260, vgl. S. 53 sub D).

3. **Kuratel für Ungeborene** (§ 274). Sie wird angeordnet entweder für ein bloß erzeugtes Kind, welches im Falle seiner Geburt nicht unter die väterliche Gewalt käme (cura ventris nomine s. nasciturorum, vgl. dtsch. B.G.B. § 1912) zur Wahrung seiner Rechte im Falle der Geburt; oder zur Vertretung der noch nicht erzeugten Nachkommenschaft (**Posteritätskurator**) im Falle einer fideikommissarischen Substitution (vgl. dtsch. B.G.B. § 1913), eines Familienfideikommisses oder einer Stiftung (vgl. insbes. Pat. v. 1854 § 77). Die cura nascituri endigt mit der Entbindung oder der Gewißheit, daß keine eintreten werde (vgl. dtsch. B.G.B. § 1918).

4. **Zur Verwaltung des Vermögens von Personen, welche das feierliche Gelübde der Armut abgelegt haben (Ordensprofessen)** ist, soweit sie nicht über ersteres vor dieser Ablegung inter vivos verfügt haben, ein Kurator zu bestellen (Pat. v. 1854 § 182).

5. **Für einen Abwesenden** ist auf Antrag von Interessenten oder von Amtswegen ein Kurator zu bestellen (cura absentis) (vgl. dtsch. B.G.B. § 1911), wenn: a) der Abwesende von jenem Orte entfernt ist, an welchem seine Gegenwart zur Wahrung seiner Rechte als nötig erscheint; b) für seine Vertretung an diesem Orte nicht vorgesorgt ist und c) ohne eine solche die Rechte des Abwesenden bei einem gerichtlich zu verhandelnden (nicht notwendig streitigen) Geschäfte durch Verzug gefährdet oder die Rechte eines Dritten in ihrem Gange gehemmt würden (§ 276). Besondere Fälle der cura absentis sind enthalten im Pat. v. 1854 § 77 Z. 2 und § 131, sodann im a. b. G.B. §§ 277, 113 und im Ges. v. 16. Februar 1883 R.G.B. 20. Ist der Aufenthaltsort des Abwesenden bekannt, so hat der Kurator denselben von der Lage seiner Angelegenheiten zu benachrichtigen und seinen Weisungen und Intentionen gemäß zu handeln. Erteilt der Abwesende trotz Aufforderung keine Weisungen oder läßt sich sein Aufenthaltsort nicht ermitteln, so ist der Kurator verpflichtet, die Angelegenheiten des Abwesenden „wie jene eines Minderjährigen zu besorgen". Dem curator absentis obliegt somit in diesem Falle die Verwaltung des zurückgelassenen Vermögens; seine Vertretungspflicht ist eine präsumtiv allgemeine (vgl. daher auch Pat. v. 1854 § 131), so daß diese Pflegschaft den **Charakter einer Vormundschaft** annimmt. (Das dtsch. B.G.B. behandelt die cura absentis stets als Pflegschaft.) Die cura absentis endigt, wenn der Abwesende stirbt, gerichtlich für tot erklärt wird, wenn er zurückkehrt oder von seinem Aufenthalte Kunde gibt und einen Bevollmächtigten ernennt (vgl. dtsch. B.G.B. § 1921).

6. **Für die dem Gerichte zur Zeit unbekannten Teilnehmer an einem Geschäfte** ist zur Wahrung ihrer Rechte unter den Voraussetzungen des § 276 ein Kurator zu bestellen (vgl. dtsch. B.G.B. § 1913). Hierher gehörige Fälle können anläßlich einer Verlassenschaftsabhandlung eintreten. Gesetzlich zum Teil eingehend geregelt sind folgende hierher gehörige Fälle: a) die Kuratel zur gemeinsamen Vertretung der Rechte der Besitzer von auf Inhaber lautenden oder durch Indossament übertragbaren **Teilschuldverschreibungen** (Ges. v. 24. April 1874 R.G.B. 49); b) die Kuratel zur Wahrung der Rechte der Besitzer von **Pfandbriefen** (Ges. v. 24. April 1874 R.G.B. 48); c) die Kuratel zur Sicherung der Rechte der Besitzer von **Eisenbahnprioritäts-Obligationen**

(Ges. v. 9. Mai 1877 R.G.B. 70). (Die Erörterung dieser Gesetze gehört nicht ins Familienrecht.)

7. Regelmäßig erscheint die Kuratel über körperlich oder geistig Gebrechliche, da letztere meist nur zur Besorgung einzelner Angelegenheiten oder eines bestimmten Kreises ihrer Angelegenheiten unfähig sind, als Pflegschaft (nach b. dtsch. B.G.B. nur und stets bei körperlichen Gebrechen; vgl. § 1910; vgl. dagegen § 1896, § 6 Z. 1).

8. Für von Militärstrafgerichten, nicht auch von Civilstrafgerichten, zur Todes- oder schweren Kerkerstrafe verurteilte Verbrecher ist ein Kurator zum Schutze des durch die längere Strafe gefährdeten Vermögens des Sträflings zu bestellen (§ 279; abgeändert durch Ges. v. 15. November 1867 R.G.B. 131 § 5). Diese Pflegschaft endigt mit der ausgestandenen Strafe oder Strafnachsicht, sowie im Falle späterer Schuldloserklärung oder Verurteilung zu einer geringeren Strafe.

9. Eine besondere Gruppe von Kuratoren, die teils eine cura personarum, teils eine cura bonorum ausüben, bald von Amtswegen, bald nur auf Verlangen, ad hoc oder mit Vermögensverwaltungs-Pflicht bestellt werden, steht in unmittelbarem Zusammenhange mit dem Institute der Verlassenschaftsabhandlung (vgl. das Erbrecht).

10. Zahlreich sind die durch einen Prozeß veranlaßten Fälle der Bestellung von Kuratoren ad actum (vgl. das Prozeßrecht). Über den Konkursmasseverwalter ist im Konkursrecht, über den im Falle einer Zwangsverwaltung gerichtlich bestellten Verwalter (Sequester) im Prozeßrecht zu handeln.

11. Für die Dauer des Entmündigungsverfahrens wegen Geisteskrankheit oder Verschwendung kann der zu Bevormundende einen Pfleger (nach b. dtsch. B.G.B. § 1906 einen „vorläufigen Vormund") erhalten (vgl. den Erl. d. Wiener Ob.L.G. v. 25. Januar 1874, Z. 24 075).

Printed by Libri Plureos GmbH
in Hamburg, Germany